AF402067

PHYSIOLOGIE

DES

RATS D'ÉGLISE.

Dieu prodigue ses biens
A ceux qui font vœu d'être siens.

LAFONTAINE.

IMPRIMERIE DE J. B. GROS, A PARIS.

Physiologie

DES

RATS D'ÉGLISE.

Illustrations de Josquin et Maurisset.

PARIS,

CHARLES WARÉE, ÉDITEUR,

Boulevard St-Martin, 6.

1841.

I

LE SUISSE

AMBOUR-MAJOR de la milice cléricale, puissant porte-hallebarde, trois fois tu es digne d'ouvrir et de précéder notre triomphale procession ! Quelle cérémonie, ô Suisse, pourrait s'accomplir sans ton majestueux poitrail et sans le bruit retentissant de ton arme pacifique ? Ornement et joie de l'Église ! A ses autres enfants elle commande l'humilité; à toi seul elle fait un devoir de l'orgueil. Tandis que tous les fronts s'abaissent, tandis que le prêtre lui-même sourit humblement, en inclinant sa tonsure devant les fidèles dont l'offrande tombe dans l'aumônière dorée, toi, nouveau Jupiter Olympien, immobile dans ton éblouissante attitude, tu foudroies toutes ces Sémélés en tablier blanc, qu'une dévotion involontaire contraint à s'agenouiller dans la pénombre de leurs dévotes maîtresses.

Qui es-tu? et d'où viens-tu? Est-il vrai que tu sois né au pays des fromages et que les Grisons te comptent parmi leurs enfants? Hélas! ainsi que ce rouge marchand d'eau de Cologne, que des ignorants prennent quelquefois pour l'ambassadeur suisse, tu n'as d'helvétien que le nom; mais, plus heureux qu'Homère, de ton vivant même, trois ou quatre de nos grandes provinces se disputent l'honneur de t'avoir donné au monde. Sois tranquille, Suisse de mon cœur, jamais les gamins ne pourront croire que tu ne sois pas sorti tout armé des murs de l'église comme la Minerve antique du cerveau de Jupin; jamais on n'imaginera le soleil sans rayons, ni le Suisse sans costume. Pour nous, ô Suisse, nous sommes prêts à jurer par l'illustre fourreau du maréchal Soult, que nous t'avons toujours vu tel que Biard t'a croqué, ou tel que tu t'admires près du banc-d'œuvre de Saint-Sulpice, sur une toile flatteuse où tu te vois, plus fier que le coq gaulois, guidant un jour de Fête-Dieu, la procession de cette belle paroisse!

Honneur au Suisse! Il apparaît comme un céleste messager dans les actes les plus importants de notre vie. Il précède avec la même impassible gravité l'enfant criard que va régénérer l'eau sainte du baptême, et le cercueil dans lequel la dépouille de l'homme frémit à la braillarde harmonie des chantres. C'est lui qui conduit le pain béni aimé du moutard et la file virginale des blanches communiantes. Les jeunes filles le voient passer dans leurs rêves : il marche majestueusement à l'autel et elles le suivent, baissant les yeux, et sentant leur main trembler dans la main de leur doux fiancé. La seule présence du Suisse fait fuir les chiens indévôts, chasse les polissons qui font voguer de petits bateaux dans les bénitiers; et certainement le chérubin qui fut placé à la porte du Paradis terrestre, pour la

fermer au nez de certains mangeurs de reinettes
ne pouvait être qu'un Suisse avec sa hallebarde.

Il faut que le Suisse soit réellement l'arché-
type, le prototype de la perfection humaine,
puisqu'il cumule assez souvent avec son emploi
religieux celui de tambour-major dans la garde
nationale ou de général romain dans l'atelier de
Delacroix. Son ventre béat que recouvre moel-
leusement la culotte cramoisie, ses mollets re-

bondis que font saillir des bas de soie blanche
bien étirés, son splendide baudrier, terminé par
une longue épée de bois, qui bat par derrière
les susdits mollets, ses larges pieds qu'enchâs-
sent d'épais souliers à boucles, sa grande canne,

surmontée d'une énorme pomme métallique, ses épaulettes de colonel, devant lesquels les tourlourous novices portent les armes, son tricorne posé en crâne sur le côté, tout cela forme un ensemble ravissant et dont l'harmonie n'est jamais rompue, car si le Suisse a besoin de se retourner, il le fait lentement et tout d'une pièce. Jamais sa tête ne pivote, comme à nous autres chétifs, sur la première vertèbre cervicale ; non, l'usage vulgaire des articulations lui est totalement inconnu, et de quelque côté qu'il se montre, le Suisse est complet, la vue est satisfaite, de sorte que l'on peut lui chanter :

> Tournez, tournez, tournez, tournez,
> A tous les coups l'on gagne.

Mais ce qui fait, ce qui fera toujours la gloire, le décorum du Suisse, c'est un visage d'une belle couleur lie-de-vin, dont la forme rivalise avec celle de la pleine lune, et au milieu duquel se dresse un singulier tubercule que la nature s'est amusée à enrichir des rubis les plus éclatants. C'est pour ce tubercule, qu'il appelle son nez, que le Suisse fait une effrayante consommation de contributions indirectes en poudre, qu'il puise dans une vaste et caverneuse tabatière.

Ledit tubercule est pour no're héros la seconde cause de ruine, car on sait depuis longtemps que la première est la cavité béante immédiatement au-dessous, laquelle on a reconnu être l'ouverture du tonneau des Danaïdes, qu'aucune quantité de liquide ne saurait remplir.

Au cabaret, le Suisse oublie de temps à autre sa dignité et on le voit trinquer avec de simples

mortels ; mais, habituellement, il parle peu,

de peur de déranger sa gravité. Quelques mauvais plaisants prétendent qu'il n'en pense pas plus; moi je maintiens qu'il n'en pense pas moins : seulement ses pensées sont tellement profondes que lui-même ne les aperçoit pas. Il est en cela l'opposé de son jaloux homonyme, le tireur de cordon, lequel parle beaucoup et ne pense pas le moins du monde.

Chez lui, le Suisse est bon époux et bon père. Comme mari, je le crois un peu *prédestiné*, dans le sens que l'on attache maintenant à ce mot. C'est un spectacle touchant de le voir dans l'intérieur de sa famille, tenant dans ses bras le plus jeune moutard qui joue avec ses épaulettes, tandis qu'il montre aux deux aînés à composer leur maintien et à manœuvrer avec grâce la hallebarde.

Hélas! ils sont passés ces jours de fête où le Suisse promenait ses magnificences par toute la ville enchantée. Pour lui seul les rues étaient jonchées de fleurs et traversées de guirlandes; pour lui seul les murs se revêtaient ici de tapisseries, là de draps et de rideaux plus ou moins blancs; pour lui seul on décorait à grands frais les reposoirs. Devant lui, et non devant l'ostensoir, s'agenouillait la foule, et le Suisse usurpait la place du *beau dais*.

> Un beaudet chargé de reliques
> S'imagina qu'on l'adorait,
> Dans ce penser, il se carrait.....

Et quand deux processions venaient à se rencontrer, comme le Suisse savait bien défendre l'honneur de sa paroisse et lui maintenir la préséance! Plutôt que de reculer, il se serait fait martyr!

Aussi ce grand homme compte-il parmi les ennemis, du gouvernement actuel, qui a supprimé les belles fêtes de l'Église et ne les a remplacées par rien.

En résumé, le Suisse est à cette heure l'une des plus fortes colonnes du Catholicisme. Si l'on ôtait à une paroisse son curé, les dévotes murmureraient tout bas; si l'on renvoyait le donneur d'eau bénite, elles se plaindraient tout haut; mais si l'on enlevait le Suisse, il y aurait révolution.

Dans un moment où nous fûmes menacés d'une guerre avec la république helvétique et où l'on parla de faire sortir les Suisses du pays, les honorables enregistrèrent beaucoup de pétitions de dévotes qui craignaient que la mesure n'atteignît les Suisses de leur paroisse.

C'est uniquement à cause du Suisse que tant de personnes restent maintenant attachées à la religion catholique : Les dissidents n'ont pas de Suisse !

II

LE BEDEAU

L ne manquait au Suisse, pour faire res-
sortir sa lumineuse figure, que deux sa-
tellites pâles qui gravitassent sans cesse
autour de lui, et ils lui ont été donnés : c'est le
Bedeau et le Sacristain. Le Bedeau est maigre et
fluet, si maigre et si fluet que je me suis pris
à douter s'il existait bien réellement, en chair
et en os, si ce n'était point un rêve, une ombre
sortie du théâtre Séraphin. J'ai même essayé
si je ne pourrais pas apercevoir la clarté des
cierges à travers sa substance. Il porte un costume noir sur lequel tranche son visage aussi

blanc que celui du fameux Debureau ; ce costume tient du laïque et de l'ecclésiastique, car il se compose d'un habit à col droit et d'une culotte courte. Le signe distinctif de sa charge est une chaîne argentée qui passe par-dessus l'habit du Bedeau et à laquelle est suspendue une baguette plate en ébène, ce qui lui donne l'air d'un huissier à verge noire de la Chambre des Communes. Ce fantôme pose à peine le pied sur la terre ; il ne marche pas, il glisse, ou plutôt il coule. Il y a en lui quelque chose du maître à danser, et de l'écrivain décharné de la salle des Pas-Perdus ; improprement appelée par les bonnes femmes *salle des bas perdus*.

Le Bedeau est une sorte de maître de cérémonies. Il veille à ce que l'ordre et la décence règnent toujours dans le lieu saint. C'est lui qui conduit le prédicateur à la chaire et les marguilliers grisonnants et bougonnants au banc-d'œuvre ; c'est lui qui distribue le pain béni à la foule avide, ayant soin de tenir la corbeille assez haut pour que personne n'en puisse prendre ; ce qui lui attire beaucoup d'ennemis, surtout parmi la moutarderie, qui voudrait voir se renouveler à chaque instant le miracle de la multiplication des petits pains au beurre. Il sait par cœur les lois de l'étiquette, assigne à chacun la place qui lui est due, fait droit aux réclamations, et juge les questions de préséance avec beaucoup de politesse et de gravité. Il dirige les processions, avertit les ecclésiastiques de l'office qu'ils doivent chanter ou des fonctions qu'ils ont à remplir, pousse par le coude ceux qui se laissent aller au sommeil, souffle un mot à l'oreille des prêtres qui ont mis leurs bas à l'envers, reçoit les personnes appelées par leurs affaires à la sacristie, surveille les ouvriers, stimule les flâneurs, et donne aux fidèles qui l'interrogent les adresses et renseignements qu'ils peuvent désirer. Toutes les fautes contre le rituel et la discipline ecclésiastiques sont du ressort du Bedeau, qui en avertit le curé, dont il est l'œil et le bras droit. C'est encore lui qui est en quelque sorte le questeur et l'économe : il veille à ce que les réparations nécessaires soient exactement faites ; il distribue aux pauvres les aumônes de M. le curé et chasse les mendiants insolents. La Fabrique le charge d'un grand nombre de commissions; il traite avec les fournisseurs. Cette charge exige des mœurs sévères, une bonne tenue, comme elle ne l'occupe pas continuellement, le Bedeau met à profit le temps qui lui reste pour tenir une petite boutique de livres de dévotion, de médailles, de chapelets et de scapulaires dans le voisinage de l'église, contrevenant ainsi au vœu de Jésus, qui chassait si rudement les marchands du Temple.

III

LE SACRISTAIN

OUF! Ouf! quel est cet homme si affairé qui passe près de nous en nous coudoyant sans nous regarder : c'est le Sacristain. Certes, celui-ci n'est pas un fainéant ; ses occupations sont aussi nombreuses que variées. Il porte comme insigne de son emploi un long bâton au bout duquel brille un éteignoir et au-dessus de l'éteignoir un rat de cave roulé en serpent. Cette machine ingénieuse sert selon le temps à communiquer la mort ou la vie aux cierges des autels. A peine un office est-il terminé, souvent même il n'est pas encore terminé, que le Sacristain paraît pour éteindre les cierges et enlever les objets qui ont servi. Il a soin des chasubles, des chapes, des étoles, des surplis, de

tous les habits sacerdotaux; il conserve et entre-
tient le linge d'autel. C'est la femme de charge
de l'église, c'est la servante du curé; sous sa garde
et sa responsabilité se trouvent les candélabres,
les tableaux, les ciboires, tous les ornements
précieux. Il verse l'huile dans les lampes, l'eau
bénite dans les bénitiers. Le Sacristain doit avoir
du goût, car c'est lui qui est chargé de l'agence-
ment des autels, des reposoirs, du tombeau de
Notre-Seigneur. Dans les processions il fait passer
les jeunes enfants sous l'ostensoir et approche du
Saint-Sacrement les objets que les dévotes veulent y faire toucher. C'est lui qui tient les bas-
sins de cuivre argenté destinés à recevoir l'obole
des fidèles qui vont à l'offrande, qui viennent
demander les cendres après avoir eu une indi-
gestion de cancan, ou qui le Vendredi-Saint
s'agenouillent pour baiser les cinq plaies du
Christ. Il doit faire attention aux filous qui,
sous prétexte de mettre un sou, en prennent
cinq *pour monter leur ménage* et à ceux qui,
s'aidant d'un bâton englué, enlèvent le contenu des troncs, manœuvre assez difficile depuis
qu'on en a rétréci l'orifice. Le Sacristain affiche
auprès de la sacristie l'ordre du jour et les céré-

nonies qui doivent avoir lieu ; il donne la pâté aux deux gros chiens sur lesquels repose la nuit la garde de l'Église ; tenant à la main un énorme trousseau de clefs, il accompagne le Suisse et les chiens dans la ronde qu'ils font de compagnie le soir, à la clarté mélancolique de la lune qui filtre à travers les vitraux et les croisillons.

Certainement le Sacristain est sûr d'aller en paradis, puisqu'il ne quitte pas le lieu saint même la nuit et qu'il couche au-dessus de la sacristie dans une soupente, avec les rats, qui heureusement ne se mangent pas entre eux. A peine commence-t-il à se livrer aux douceurs du repos, que le bruit d'une sonnette retentit à son oreille : il s'agit de graisser les bottes à un voyageur qui s'en va dans l'autre monde. Le Sacristain réveille le prêtre de garde et part avec lui muni d'une boîte renfermant les objets nécessaires pour administrer le saint viatique.

La sacristie est naturellement le domaine, l'empire du Sacristain ; il en fait les honneurs avec beaucoup de complaisance. Il y tient la buvette que la tolérance des curés a établie afin d'empêcher les chantres d'aller chercher hors de l'église la satisfaction de leur soif inextinguible. Comme il a la langue très-bien pendue et que sa charge le met au courant d'une foule d'anecdotes, il est la commère officielle, la Gibou de l'établissement. Les cancans émanent de lui et aboutissent à lui. Il vous conseillera de vous confesser à M. l'abbé un tel qui est un peu sourd et n'entend pas les gros péchés, ou à tel autre abbé qui donne toujours l'absolution, pourvu que l'on remet'e quelque chose à la sacristie pour le soulagement des pauvres. Entre les mains du Sacristain sont déposés les objets perdus par les fidèles, qui ne peuvent guère les retirer sans laisser un léger souvenir au gardien. C'est seulement à des amis intimes que le Sacristain fait confidence des aventures graveleuses ; il en a en quelque sorte le droit, car sa vie est si pure que la Vivandière de Béranger le met au nombre de ses conquêtes les plus difficiles.

. . . .

J'ai débauché le Sacristain,
Tin tin tin tin tin tin tin tin tin !
J'ai débauché le Sacristain,
Soldats, voilà Catin !

IV

LE SERPENT

L y avait dans le monde deux objets choyés avec raison par nos pères, deux instruments vénérables, à vent tous deux, tous deux d'une égale utilité, quoique mis en jeu par un mécanisme différent. Nous le disons avec douleur, ces deux instruments ont vécu; on les méprise, on les conspue; ils tendent à s'annihiler, à passer à l'état de mythes, de symboles, de fossiles, de constellations.

L'un est cet engin que notre langue, quelque peu bégueule, défend de nommer; mais dont Molière n'a pas craint d'enrichir la scène. C'est en vain que, de nos jours, un maréchal a tenté de le réhabiliter, en l'appliquant à l'art de la guerre; cet utile confident de nos pères n'est plus en usage que chez le pairs de France et les douairières de Navarre.

L'autre objet, dont le nom indique assez la forme, justifiait admirablement ces vers de Boileau :

Il n'est point de serpent, ni de monstre odieux,
Qui, par l'art imité, ne puisse plaire aux yeux.

En effet, existait-il quelque chose de plus agréable à l'œil que les courbes et les volutes du serpent noir? Bernardin de Saint-Pierre remarque que la ligne courbe est la plus belle, et que la nature l'a prodiguée. Le chef-d'œuvre de la création, le corps humain, n'est composé que de courbes. Les montagnes s'arrondissent comme des mamelles que l'aurore teint de rose, et c'est une courbe que l'arc-en-ciel a choisie pour étaler ses brillantes couleurs. Rien de tout cela n'a pu arrêter les Vandales ! Ils ont remplacé les délicieuses volutes par une ligne droite insignifiante et stupide ; au bois harmonieux ils ont substitué le cuivre brutal, et à la dénomination euphonique de *serpent*, le nom barbare d'*ophycléide*.

Et remarquez ici l'inconséquence et l'absurdité des novateurs. Tandis qu'ils imposaient au serpent les brutales modifications que nous venons de signaler, tandis qu'ils lui enlevaient sa délicieuse spirale, ils changeaient précisément en sens inverse l'instrument que nous ne nommons pas, dont la ligne droite faisait place à plusieurs lignes circulaires. Pour bien comprendre la stupidité de ces métamorphoses, il suffit de jeter un regard sur les deux instruments avant et les deux instruments après la révolution scandaleuse qui a tant affligé les hommes de l'art.

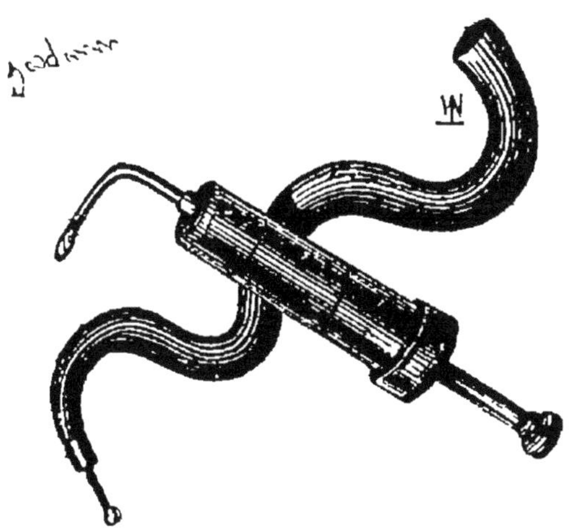

Une autre considération militait encore en faveur des instruments primitifs : c'est la grâce qu'ils prêtaient aux exécutants. Avec le moderne clyssoir, l'opération se fait tristement et solitairement, tandis que l'instrument dont nous laissons deviner le nom exigeait le con-

cours d'une autre personne. Pour peu que cette personne fût âgée et qu'elle eût une paire de besicles à cheval sur son respectable nez ; pour peu que la chose eût lieu à la lueur d'une chandelle non mouchée, il se passait une scène que Cervantès n'a pas jugée indigne de sa plume espagnole, lorsqu'il nous représente la duègne Doloride voulant forcer l'ingénieux Hidalgo de la Manche à une consommation involontaire de certain breuvage émollient et benin.

Et de même quel contraste de l'air froid, guindé, impassible de l'ophycléidiste, avec l'entrain, l'animation, les contorsions, les bras étendus, les yeux hors de tête du vrai Serpent, du Serpent primitif, et surtout avec des joues semb'ables aux outres d'Éole ou aux vents qui soufflent des quatre coins du monde dans les almanachs de Matthieu Læensberg.

Voici qui achèvera de donner gain de cause au Serpent, c'est qu'un ancien Massorète a prouvé, en confrontant les textes, que l'instrument terrible qui doit réveiller les longs-dormants au jour du grand cataclysme, sera,

non pas une trompette avec ou sans piston,
mais un Serpent.

La victoire étant assurée à l'ancien ordre de
choses, examinons maintenant les caractères
de ce genre de reptile que n'a décrit aucun
erpétologiste, pas même M. Valenciennes.

La nature a fait du Suisse une masse taillée à grands coup de ciseau , imposante, mais dépourvue de ressort. Par contre, elle a donné au Serpent la petitesse, la souplesse, avec la grâce et l'*agilité*. Le Serpent est fluet, mignon contourné, désarticulé. Sa soutane et son rochet diminuent encore sa taille. Il orne sa tête de cette espèce d'éteignoir que l'on appelle *bonnet carré*, probablement à cause de sa forme conique; les mêches de cheveux qui s'en échappent affectent souvent de prendre l'apparence d'animaux rampants. Il est malin, farceur et s'insinue auprès du beau sexe, agissant en cela d'une façon opposée à celle du Suisse qui se contente, pour plaire, de décocher des œillades assassines, en étalant orgueilleusement ses formes plantureuses.

La galanterie du Serpent est connue depuis le commencement du monde, ainsi que sa langue mellifère et dorée. Adam et Eve en savent quelque chose , eux qui n'ont pas su résister à ses séductions ; car il est évident que le reptile représenté par les peintres n'est qu'une figure, et que le tentateur était b.en véritablement le Serpent d'une paroisse voisine.

Et le Serpent s'est vanté lui-même de ses faub'aseries dans un couplet célèbre :

Je suis serpent !
Je suis serpent !
Je me glisse auprès des belles ;
Par mon langage insinuant
Je sais vaincre les plus rebelles.
Je suis serpent !
Je suis serpent !

Le Serpent est l'âme du chant : c'est lui qui le soutient, qui le nourrit, qui le remplit. Sa basse continue est comme une corde roide sur laquelle bondissent les lourdes notes des chantres et sautillent les notes aiguës des enfants de chœur. Qu'il est beau cet homme qui se tient immobile et dominateur, tandis que les sons qui émanent de lui remplissent la nef, s'enroulent autour des colonnes, ébranlent les piliers saxons, et font tressaillir les vieux saints pourtraictés sur les vitraux ! Aussi malheur ! malheur si le démon jaloux suscite à ce noble musicien quelque prosaïque accident ! Alors ce sera un éternuement subit qui l'arrêtera, une quinte intempestive, qui le forcera à tousser dans son instrument. A-t-il dans la tête deux doigts de vin pur? au milieu d'un psaume, voire même d'un sermon, Satan lui glissera l'idée subite de prendre feu, de s'émanciper, de s'abandonner à des fioritures, à des cadences, à des trilles, à des strettes, à des transitions désordonnées d une octave à l'autre, tours de force qu'il décore du nom de *fions*, torrents d'harmonie dont les flots impétueux ne s'arrêtent qu'à la voix impérative de M. le curé. Une autre fois, il cherche en vain són embouchure d'ivoire : un enfant de chœur qui l'a chippée, la lui rend frottée du jus amer de la coloquinte, ce qui provoque chez le pauvre exécutant d'horribles grimaces. J'ai vu, Seigneur, j'ai vu un infâme moutard à calotte rouge, boucher à l'aide de chiffons et de tartines au fromage un orifice de l'instrument serpentiforme indispensable à l'émission des sons. C'est un spectacle qui fait mal tant le malheureux s'agite, suant et soufflant; ses yeux s'injectent de sang; ses joues deviennent pourpres et il ne peut tirer du bois rebelle autre chose qu'un déchirant *ffrrou... ffrrou...*

ffrrou... Cependant les chantres, errants sans guide, cherchent en vain à rattraper la note qui leur échappe ; les enfants de chœur faussent à qui mieux mieux et l'harmonie n'est plus qu'une cacophonie.

A part ces désagréables inconvénients l'emploi de Serpent offre de beaux avantages. Par exemple, en l'exerçant, il peut se livrer au sommeil, sans rien perdre de sa réputation ; car il est doué par la nature d'un ronflement prodigieux, lequel, par la force de l'habitude, suit encore le mouvement du chant, et peut suppléer au jeu de l'instrument.

Une chose très-curieuse à voir ou plutôt à entendre, c'est un concours, un assaut de Serpents. C'est là que l'on peut se convaincre de la *puissance* de la musique. Je ne conçois pas pourquoi les voisins du Serpent, dans la vie laïque, s'indignent de sa manie de s'exercer en particulier et souvent la nuit. On prétend que c'est nuisible aux malades ; mais ce bruit là ferait plutôt revenir un mort. J'en veux pour preuve un concert qu'un de mes amis, serpent honoraire de la chapelle de l'em-

pereur de la Chine, donnait dernièrement, et
dont voici le programme :

PREMIÈRE PARTIE.

LE MONTAGNARD DE MONTMARTRE,

Symphonie pastorale.

1. Rêveries; promenade aux bords de la Bièvre. — *Serpent seul.*

2. Un coup de tonnerre. — *Solo de grosse caisse.*

3. Rencontre de deux sergents de ville. — *Serpent et cymbales.*

4. Allocution auxdits sergents de ville. — *Solo de triangle avec variations.*

5. Rixe, batterie. — *Trois serpents.*

6. Le rêveur est coffré et mis au violon, comme faisant partie d'un rassemblement d'une personne.— *Solo de chapeau chinois.*

SECONDE PARTIE.

1. La romance de *Guido*, par soixante-quinze cymbales.

2. *Les trois Grâces*, walse nouvelle, par trois serpents.

3. *Les sept jours de la semaine*, galop infernal, par sept serpents, avec sonnettes.

4. Ouverture de la *Porte Ottomane* et du *Serpent enchanté* de *Serpentini*, par seize bassons, deux trompes de chasse, dix-huit serpents, trois cornets à bouquin et trente mille mirlitons.

Le Serpent est si persuadé lui-même de la douceur de son harmonie, que lorsque son curé lui parle des joies de la vie future, il se voit, chérubin bouffi, assis sur un nuage, jouant éternellement de son instrument devant les onze mille vierges qui lui tendent des coupes couronnées de roses et pleines de vin à 25 sous la bouteille.

Si, parmi les rats d'église, la voix publique a accordé au Suisse le surnom de *Rat beau*, le Serpent, à cause de sa petitesse, de sa gentillesse, et de cette circonstance remarquable que c'est lui qui donne le ton et le bon ton, mérite justement le nom de *Rat ton*.

Malgré tout ce que j'ai pu dire sur les nobles qualités du Serpent, les temps deviendront toujours plus durs pour lui. Il ne reste plus à l'infortuné qu'à imiter les exilés du Jourdain, à suspendre son instrument aux branches d'un orme des boulevards et à s'en aller pleurant, sur la rive étrangère en criant d'une voix brisée par la douleur des allumettes chimiques ou le *Messager*, journal du soir!

$$\text{V}$$

LES ENFANTS DE CHŒUR

Sous la domination immédiate, sous la férule toute puissante du Serpent s'agite la troupe remuante, bruyante, turbulente, pétulante, frétillante des Enfants de Chœur.

Oh! les voilà, les moutards, les vrrrais moutards que le diable a fourrés dans le giron de l'Église! Leurs artères sont pleines de vif-argent; leurs yeux semblables à deux sources où le soleil donne, pétillent de folle et malicieuse gaîté. Oh! les voilà les vrais moutards! La lèvre blanche encore du lait maternel, à peine aussi grands que la botte de M. Thiers, ils se livrent à mille pendables et damnables méchancetés. Ils cognent le révérend nez des tranquilles chanoines, sous prétexte de leur faire baiser *la paix*; ils entravent le passage des vénérables demoiselles de la confrérie de la Vierge par mille obstacles que s leurs yeux baissés n'aperçoivent pas. Pendant la procession, au moment de pialer un verset, ils quittent leur place, et le Serpent qui les cherche les voit bientôt revenir, se disputant, au grand scandale des fidèles, la consommation de quelques ignobles pommes de terre frites; l'artiste s'approchant, découvre avec horreur que pour contenir ce comestible qui n'a jamais figuré parmi les chefs-d'œuvre de Chevet, ils ont arraché au lutrin une page sur laquelle se trouve précisément l'office du jour. Sans se déconcerter le moins du monde, ils miaulent leur verset, la bouche pleine, et les chantres courroucés y répondent avec frénésie, de leur voix la plus caverneuse. Ah! les moutards! malgré leur front nouveau-tondu, symbole de candeur, malgré leurs joues rebondies comme des pommes et rouges comme des coquelicots, malgré leurs révérences et leur mine hypocrite, je ne donnerais pas un *monneron* de tous ces petits polissons-là.

Voyez-les au sortir de l'école des Frères après la classe du matin, courant, voletant, se culbutant vers l'Église où depuis une heure le Serpent les attend pour leur faire répéter l'office du dimanche. Quel bruit! quel cris! quel vacarme! Chemin faisant, ils se distribuent, par manière de distraction, coups de pied derrière le ventre, croquignoles, chiquenaudes, etc. Ils éclaboussent les passants, excitent les chevaux que les cochers ne peuvent retenir, montent derrière les cabriolets au risque de recevoir des coups de fouet, font crier les petits enfants, tirent les sonnettes des hôtels, frappent aux portes des allées, et quand apparaît au seuil le concierge bouillant de colère, ils lui jettent à la tête ces mots sacramentels : Portier, je veux de tes cheveux! Sans respect pour l'habit à la chevalière des lions qui s'égarent dans le voisinage des Églises, ils y appendent de longs, de sales morceaux de papier. Ils attachent à la queue des chiens maigres de vieilles casserolles de ferblanc, volent les pruneaux amoureusement étalés par les épiciers, quillent les sergents-de-ville à coups de trognons de pommes, font sortir du poste les caporaux endormis, en criant : *qui vive? trouille!* Il n'est pas de mur nouvellement recrépi sur lequel ne soient charbonnés par eux de grotesques personnages, ou des cornichons surmontés d'une tête plus ou moins

aumaine, avec cette légende : *Portrait de Ni-
colas* ou de *Cournachon*. Dans un autre endroit,
ils écrivent en gros caractères : *Je suie un
ninbessil*, dans la pensée charitable que le premier passant qui jettera les yeux sur cette phrase,
si bien orthographiée, ne manquera pas de
s'appliquer le compliment qu'elle renferme. La
protubérance de l'ostentation est très-déve-
loppée sur le crâne de l'Enfant de Chœur; son
nom, assez souvent accompagné d'une épithète,
se trouve gravé dans des endroits inaccessibles
et jusque sur le plomb des tours Notre-Dame.
Le célèbre Crédeville était un enfant de chœur.

Silence! voici la brigade arrivée. A l'œuvre!
Ils vont s'habiller, non sans force singeries et
espiègleries; la blouse bleue, arrangée par la
maman, fait place à une soutane rouge et la
casquette à la Titi à une calotte écarlate. Ils re-
vêtent l'aube blanche sans laquelle on reste
plongé dans les ténèbres extérieures, et à l'aide
d'un cordon à gros glands ou d'une ceinture
moirée, leur costume est complet. Il est vrai
que leur pantalon frangé dépasse de cinq à six
pouces leur soutane; qu'ils ont perdu leurs jar-
retières, de sorte que leurs bas bleus tombent

sur leurs souliers; que quelques uns ont né-
gligé d'apporter un mouchoir, ce qui les contraint à se servir du bas de leur aube; mais ces
petits inconvénients sont si communs qu'on n'y
fait plus attention. Le signal est donné : une!
deusse! troisse! Les têtes se rapprochent; les
bouches s'ouvrent; les voix partent. Si l'on ré-

pète du plain-chant, le Serpent garde son instrument habituel ; si c'est de la musique, il tient un violon faux qui jure sous l'archet. Tout occupé de battre la mesure des pieds, de la tête et des mains, il ne fait pas attention que les uns lui tirent la langue, tandis que d'autres lui font un pied de nez. Tout à coup le chant est interrompu par une vive altercation. Le Serpent veut imposer silence. — M'sieu, c'est Gauchard qui m'verse de l'eau dans l'cou!—M'sieu, faites donc finir Etienne qui vous appelle *singe en batiste!* (Le vêtement que le Serpent met par dessus sa soutane est ordinairement en batiste.)

Si quelque besoin imprévu, une soif subite, un desséchement de gosier forcent le Serpent à s'absenter deux minutes, pour s'humecter ce qu'il appelle le *porte-pipe*, aussitôt l'orage, longtemps comprimé, éclate. C'est une sédition au petit pied, une émeute in-32, une miniature du sac de l'Archevêché. L'un embouche l'instrument dans lequel le Serpent a incarné la moitié de son âme, et en arrache des notes qui font partir du haut de la tour des volées de corbeaux ; l'autre saisit et écorche le Stradivarius ; celui-ci se coiffe jusqu'au menton d'un bonnet soi-disant carré; celui-là se roule par terre dans une chape en chantant d'une voix nazillarde. Puis, se relevant tous ensemble, ils se donnent la main, placent le lutrin au milieu d'eux et exécutent à l'entour une ronde forcenée. Les prêtres de garde à la sacristie, croyant qu'il s'agit d'une nouvelle révolution, montent en toute hâte, et pénètrent dans la chambre, ca-

chés par précaution derrière le Suisse qui entre en baissant sa hallebarde. — Tableau !

La répétition terminée, l'Enfant de Chœur descend dans la sacristie, afin de pouvoir servir la messe, pendant laquelle il est sujet à mille distractions. Ainsi il transpose les répons, il agite la sonnette à des moments inopportuns, il lève mal à propos la chasuble du prêtre ou répand à côté du calice le contenu des burettes; il s'essuie les mains avec le lavabo, et, après l'*Ite missa est*, s'il reste un peu de vin au fond des burettes qu'il emporte, il a soin de les vider exactement dans son gosier, prenant garde pendant cette opération, de se cacher derrière un pilier ou un faisceau de colonnettes.

Dans les grands offices, l'enfant de chœur chante en faux bourdon, à la messe, le *Kirie*, le *Sanctus* et l'*Agnus Dei*; aux vêpres les Psaumes et le *Magnificat*; il chante seul le motet de l'élévation et le *Domine Salvum*. Aux jours de fêtes annuelles-majeures, il monte aux orgues et entonne, suivant les circonstances, les lamentations de Jérémie, arrangées en musique moderne par Delavigne, ou l'*Adeste fideles*, ou le cantique de Pâques, dans lequel l'É-

glise triomphante et jubilante invite les jeunes
filles et les jeunes hommes à partager son exal-
tation.

> Alleluia ! alleluia !
> O Filii et Filiæ
> Rex cœlestis, rex gloriæ
> Morte surrexit hodie
> Alleluia ! alleluia !

Verset que l'Enfant de Chœur traduit ainsi :

> Alleluia ! p ndez not'chat,
> Laissez not'chien
> Qui n'vous fait rien ,
> Alleluia ! etc., etc.

L'Enfant de Chœur a toujours soin d'être
d'une mesure en retard ou en avance sur l'organiste, ce qui produit un effet assez comique ;
ou bien il s'obstine à prendre sur un ton trop
élevé, et il reste coi au milieu de son morceau,
les mâchoires distendues, sans pouvoir émettre
d'autre son qu'une sorte de grincement compa-
rable à celui d'une porte qui crie sur des gonds
rouillés. Le soir, il éteint maladroitement sa
bougie ; ce qui le force à s'interrompre brusquement. Quand ils sont deux ou trois, ils se
prennent de querelle et, oubliant de faire si-

lence, après la première modulation de l'orgue, ils deviennent de petites pierres d'achoppement pour les fidèles prosternés dans la nef, qui cherchent en vain d'où partent ces voix tumultueuses.

Quand l'Enfant de Chœur ne chante pas et qu'il reste inoccupé dans le chœur, plusieurs sortes de distractions lui sont familières, suivant le temps et la saison, telles que :

Dormir ;

Attraper des mouches, leur introduire quelque part un petit morceau de papier et les laisser envoler, ce qu'il appelle *créer des papillons;*

Faire voler des hannetons attachés par la patte au bout d'un fil ;

Confectionner des cocotes en papier ;

Dessiner des bons hommes ;

Coudre ensemble, au moyen d'une aiguillée de fil, deux vieilles dévotes ;

Glisser du *poil à gratter* dans le cou du Serpent : ce qui oblige cet infortuné, ce souffre-douleur à interrompre à chaque instant sa mélodie pour se gratter avec furie;

Tirer la queue des marguilliers, qui tiennent encore à cet antique ornement.

On comprendra facilement qu'un être doué d'une aussi forte dose de mouvement ne soit pas grand amateur de prônes et de sermons. A peine voit-il le prédicateur entrer en chaire, à peine entend-il les assistants se moucher, tousser et retourner leur chaises, preste! le voilà parti! personne ne l'a vu; il est chez l'épicier, se faisant mettre dans un cornet deux liards de mélasse qu'il partage avec un camarade, en la lui faisant filer dans la main. Ensuite, ils grimpent dans les combles ou aux tours, pour s'exercer avec une balançoire suspendue aux poutres qui soutiennent les cloches, ou bien ils vont le long des murs attraper des lézards, ou bien encore ils furètent partout dans la sacristie alléchés par l'espérance de découvrir quelques bribes oubliées de pain-béni.

Le jour des Saints-Innocents est la fête des Enfants de Chœur; ils usurpent, pour cette fois, les fonctions des chantres, se promènent gravement, revêtus de petites chapes, donnent l'intonation des psaumes, et se font encenser sans rire par les thuriféraires. A la Fête-Dieu, ils ont des ceintures moirées, rouges et bleues, à franges d'or, et portent des corbeilles recouvertes de soie bleue et rouge, pleines de feuilles de roses, qu'ils font pleuvoir devant le Saint-Sacrement, tout en marchant sur la soutane traînante de leur chef de file, pour le faire tomber. Ils sont gentils à croquer, et leurs mamans, qui les voient passer, se pâment d'admiration. Le Jeudi-Saint, ils représentent les apôtres, et ont les pieds lavés par M. le curé. Ce sont eux qui restent dans l'église, le dimanche des Rameaux, tandis que la procession stationne dehors; ils font subir un interrogatoire musical à l'officiant lequel, pour se faire ouvrir, frappe aux portes de l'église avec le bâton de la croix. C'est aussi l'Enfant de Chœur qui, le soir, au salut, tient le bougeoir au prêtre, agenouillé sur les marches de l'autel afin de dire les oremus, et qui, par étourderie, lui répand la cire ardente sur les doigts.

L'Enfant de Chœur est encore de service aux baptêmes, mariages, enterrements; les convois qui lui plaisent le mieux sont ceux de première et de deuxième classes, où il lui est permis de monter en voiture avec les chantres et le clergé. Dans ces occasions, il est d'usage de graisser la patte aux rats d'église : cela forme

une partie notable de leur casuel. Le Suisse reçoit, lui, la part du lion, et cela est bien naturel
si l'on réfléchit que le Suisse est le représentant
des anciens Césars et le successeur des chevaliers
bannerets du moyen-âge. Ne riez pas, ignorants!
Oui, lorsque Rome, aux longues acclamations
des barbares, eût descendu un à un tous les
degrés de son ancienne splendeur, pour con-
server un souvenir de tant de pompe, l'Église
qui abrite sous son manteau doré toutes les
gloires déchues et malheureuses, l'Église inventa
le Suisse. Quand la chute de l'édifice féodal eut
écrasé le bras séculier auquel elle confiait sa
bannière, l'Église eut encore recours au Suisse.
Et pour avoir un tel homme à votre mariage ou
à votre convoi, vous marchanderiez quelques
sous! Vous mériteriez d'être honteusement ren-
voyé au proverbe :

Pas d'argent, pas de Suisse.

Celui qui reçoit la plus forte prime, après le
Suisse, est l'Enfant de Chœur; car il est impos-
sible de résister à sa gentillesse, à sa figure mu-
tine, à sa petite moue gracieuse. L'argent ac-
quis par lui de cette façon, est immédiatement

converti en billes ou en pois fulminants, lesquels pois semés dans l'Église, éclatent sous le pied qui les écrase et causent aux dévotes d'épouvantables frayeurs.

VI

LES CHANTRES

Gloria tibi, Domine !
Que tout chantre
Boive à plein ventre !

Qu'il boive ! car c'est là sa mission, sa fin, sa destinée, son bonheur. J'ai entendu des hommes du monde demander dédaigneusement si cette profession exigeait de la capacité. Si elle en exige, ventre-Mahon ! Un bon Chantre doit jauger communément sept à huit litres de cette liqueur bleue, produit de litharge et de bois de Campêche, dans lequel jamais ne s'est fourvoyé le plus petit grain de raisin. Un arrosement perpétuel n'est-il pas indispensable pour tenir dans un état satisfaisant d'humidité les cavernes de sa poitrine, pour lubréfier ses poumons, rivaux des plus énormes soufflets de forge, pour donner enfin à la voix torrentueuse qui s'échappe de ces antres , de l'ampleur, de la rondeur, de l'exubérance, de la magnificence ! Et songez quelle doit être la force de cette voix, puisqu'elle est chargée des vœux , des espérances, des prières de tous les fidèles, et qu'il lui faut avec ce poids percer les trente-mille livres pesant d'air atmosphérique que nous portons tous sur nos épaules.

Le Chantre sent tellement sa dignité et il en est si fier , que lorsqu'il se promène dans le chœur, humant la fumée de l'encens qu'on lui brûle sous le nez , et revêtu d'une chape auprès de laquelle les robes couleur de soleil et couleur de lune , données à Cendrillon par la fée sa marraine, ne seraient que de l'indienne à 50 centimes le mètre, il est le point de mire de tous les regards, et que le Serpent se surprend à cesser de souffler dans son instrument pour contempler le beau choriste avec une attendrissante admiration. Au moment solennel où tous les fils d'Adam se prosternent dans la poussière devant l'ostensoir dont les rayons d'or entourent l'hostie consacrée, seul et immobile comme l'aigle qui fixe le soleil, le Chantre appuie son regard sur cet objet glorieux devant lequel les brûlants séraphins eux-mêmes se voilent le visage de leurs ailes. Il regarde le public avec une insouciante gravité, et souffre les malices des enfants de chœur, comme ces gros boule-dogues qui se laissent mordiller par de petits chiens querelleurs. Grâce au Chantre, jamais les impies ne peuvent s'apercevoir du refroidissement, du relâchement des fidèles ; rires, plaisanteries blasphème, sa voix couvre tout, emporte tout avec une force, une ardeur toujours la même. Il s'est fait une manière à lui de dire le latin, qu'il ne comprend pas. Lorsqu'après avoir avalé une petite mesure de *casse-poitrine* ou de *tord-boyaux*, il se torche la... (la charité chrétienne veut que l'on appelle ça une bouche) avec la manche de sa soutane, et qu'il attaque bravement un psaume ou une antienne, les *e* prennent, au sortir de son gosier, le son des voyelles éclatantes de *sérénité* ; il prononce tous les *o* comme s'ils étaient coiffés de chapeaux :

> . . . . in tôtô côrdè-è mêô. . . .

et il fait précéder toutes les voyelles initiales d'une *h* aspirée ; exemple : *hartichaut.*

Il n'est possible de se figurer les contractions, les pendiculations, l'effrayante mobilité dont sont doués les muscles de la face humaine, surtout ceux de la mâchoire inférieure, qu'en examinant un groupe de Chantres beuglant devant un lutrin. Il y a des bouches ouvertes comme des cratères de volcans ; d'autres fendues jusqu'aux oreilles ; d'autres tirées en bas, à droite ou à gauche ; d'autres enfin qui, par un écartement de mâchoires prodigieux, laissent voir de formidables rangées d'incisives, une langue qui va et vient comme le battant d'une cloche , et au fond, deux ouvertures plus sombres que celle du puits de Grenelle. Dès que les voûtes de l'église ont cessé de résonner aux éclats de sa voix, le Chantre, sans même prendre la peine de dévêtir son costume sacré, se dirige en droite ligne vers le cabaret le plus voisin, lequel, eu égard à sa proximité de la maison du Seigneur, prend ordinairement pour enseigne une espèce de chevalier armé de pied-en-cap, avec cette exergue : *A saint Quentin ;* ou bien un baquet plein de petits moutards nus comme des pierrots sans plumes, et auprès un évêque crossé et mitré, avec la légende : *Au grand St-Nicolas.* Là le Chantre arrose ses poumons embrasés ; mais c'est de l'huile versée sur du feu, et sa soif ne fait que s'accroître ; lorsqu'enfin elle commence à s'apaiser, voluptueusement accoudé sur le comptoir d'étain, ou sur la table couverte d'une toile vernie, il discute avec quelques amis, le sonneur et le croque-mort, par exemple, certains points de controverse bachique, ou bien il disserte sur le mérite des Chantres d'une autre paroisse, rivaux dont il est toujours jaloux.

Quand Bacchus a exalté notre homme et remué la forte dose de suffisance dont il est pourvu, il s'imagine être un dieu pour l'amour. Il essaie parfois d'allumer la concupiscence dans le cœur des jolies dévotes, et de les faire descendre de l'amour du Créateur à celui de la créature. On en a vu un dernièrement poursuivre de sa passion désordonnée une jeune personne d'une des plus illustres familles de

France. Il pénétrait jusqu'à elle , malgré ses femmes et sa livrée, et il lui criait :

Non ! tu n'échapperas pas
A l'amour, à l'amour de Zampa !

Il lui écrivait d être sensible à sa voix et de le suivre en Savoie, où il lui offrirait une chaumière et son cœur. C'était absolument comme s'il chantait. La police fut seule sensible et offrit au terrible amoureux un asile à Charenton. Le Chantre n'en fut pas enchanté, et trouva cela fort, quoique l'endroit ne fût pas encore fortifié.   (*Historique.*)

Le Chantre joint assez souvent à son emploi celui de choriste dans un théâtre. Après avoir braillé dans la journée les louanges du Seigneur, il hurle le soir celles du Diable, et, soldat ou paysan , il répète avec un aplomb imperturbable :

Partons pour la ville !
Marchons en silence !
Quel bonheur extrême !
Courons ! volons ! combattons !

Le tout sans bouger plus qu'un terme.
Les sociétés lyrico - bachiques comptent le

chantre comme une de leurs plus fortes colonnes. Il est presque toujours président d'une goguette qui s'intitule : *les Enfants de la Tonne* (et non de *Latone*) , ou *les joyeux Amis des Dames.*

Oh ! s'il est vrai qu'après la mort, l'âme plane quelques instants encore au-dessus de cette portion de matière qui lui avait été donnée à régir, âmes de nos amis , de nos frères, comme vous devez fuir dès que les Chantres commencent , autour du cercueil où vous avez abandonné votre corps, l'âpre et burlesque harmonie que vos héritiers paient si cher !..

VII

L'ORGANISTE

ET

LE SOUFFLEUR

'IL est un instrument dont la voix s'harmonie admirablement aux grandes nefs du Catholicisme et à la pompe de ses cérémonies, c'est l'orgue au souffle inspiré, aux mille tuyaux étincelants. Quel homme corcompu et blasé en entendant rouler ces sons divins dans une fête pleine de soleil, ne s'est senti ramené, par la main des souvenirs, vers ses premières années si pures, si fraîches, si pleines d'illusions, illusions qui se sont perdues sur la route et que les hommes ont écrasées avec leurs pieds de fange ! Triste troupeau que nous sommes, nous laissons notre laine aux buissons épineux ; nos bergers nous enlè vent ce qui reste, et quand nous sommes tout-à-fait dépouillés, ils nous font mordre par leurs chiens :

> Pauvres moutons , ah ! vous avez beau faire,
> Toujours on vous tondra !

Quand j'étais enfant, l'homme qui faisait mouvoir cette grande machine d'où sortait tant de bruit, l'Organiste me paraissait un Dieu ; jamais je ne l'avais vu entrer ni sortir , jamais je ne l'avais entendu tousser ou se moucher. Depuis je l'ai aperçu et je vous assure que c'est un être bien vivant, bon vivant, un artiste qui n'est pas toujours gueux comme rat d'église. Il fait gants jaunes et porte un frac dont la coupe exquise honore le talent de M. Humann (ne pas confondre avec le ministre des finances). Sa canne a quitté récemment l'étalage de Verdier, et je l'ai vu, du haut de son mélodieux palais, contempler à l'aide d'un coquet lorgnon carré, les lorettes dont le pas timide effleurait les dalles de l'église. La galerie attenante aux orgues est un endroit tout-à-fait spécial, une sorte de café, ou plutôt de salon ;

on y reçoit des gens du monde, des artistes, des lions, parfois même des rats d'opéra. On m'a rapporté (chose prodigieuse) qu'un jour il s'était introduit là, je ne sais comment, deux bouteilles de champagne, vin séditieux s'il en fut, et qu'un bouchon profane, encore revêtu de son bonnet de plomb, avait sauté dans le bénitier. A cette vue, m'a-t-on ajouté, le donneur d'eau bénite chercha ses cheveux pour les arracher ; mais il ne rencontra que son bonnet de soie noire en coton, et il se contenta de gémir. Que le fait soit exact ou controuvé, il n'en est pas moins certain que les langues sont passablement déliées dans cette galerie mystérieusement voilée au public. On y cause beaux-arts, musique, théâtres ; on y parle de Rossini et de Meyerbeer, de Sémiramide et de Robert-le-Diable ; la politique ne tarde pas à intervenir, et l'on voit entrer en se donnant la main, la question d'Orient et celle de l'embastillement. Mais tout à coup, un signal soufflé par le Serpent, est parti du chœur; l'Organiste se précipite à son clavier ; ses doigts courent sur les touches qui s'éveillent ; les ondes sonores se pressent sous les voûtes émues ; les fidèles ravis en extase, inclinent la tête et sentent leur âme s'en aller vers Dieu.

L'Organiste doit aimer l'art pour l'art lui-même, car il n'a pas, comme nos virtuoses de théâtres et de concerts, un public avide de le contempler, qui réponde à chacun de ses efforts par des bravos, par des trépignements. Il ne voit pas des seins gonflés d'admiration ; il n'entend pas son nom caressé avec de douces épithètes par de charmantes bouches roses. S'il s'aperçoit de ses succès, c'est au recueillement, à la ferveur de ceux qui prient. Pourtant il a aussi son jour de gloire, son apothéose, son Thabor. Au milieu des fêtes tumultueuses, il ne laisse échapper qu'une faible partie de son talent ; mais vient une époque où dans l'église calme et silencieuse, il le prodigue tout entier, c'est lorsque, pour célébrer quelque événement remarquable, tel qu'une victoire sur les Arabes ou l'heureuse délivrance d'une princesse qui vient d'accoucher d'un prince (les autres femmes accouchent tout bonnement et bêtement d'un enfant) ; l'on exécute la grande hymne triomphale, le *Te Deum*. Ce jour là, la nef et les bas-côtés se remplissent d'un public inusité d'amateurs et de connaisseurs. L'artiste est abandonné à lui-même, livré à tous les vents de son inspiration : il improvise ! et alors il faut entendre les sons qu'il tire de ces énormes colonnes métalliques devenues subitement vivantes : il y en a qui éclatent comme des trompettes ; d'autres qui gémissent comme des cors ; d'autres qui gazouillent comme des oiseaux ; d'autres qui sifflent comme des serpents ; d'autres qui se plaignent comme des voix humaines. Comme le maître a dicipliné toutes ces bouches sauvages, aigres, creuses, lamentables, ou bien , bondissantes, ivres de joie! quelle mélodie quels accords imprévus! Mais il a réservé toutes ses forces pour un passage où il doit se surpasser lui-même, c'est la strophe du jugement dernier :

Judex crederis esse venturus.

Là, il faut qu'il donne, par la seule puissance de l'harmonie, une représentation de cette scène gigantesque et terrible : les derniers craquements du globe, le cliquetis des ossements qui se lèvent au bruit de la trompette, l'apparition du fils de l'homme sur les nuées ardentes, les concerts des anges, les rugissements des damnés. La terreur pénètre dans les âmes avec l'admiration ; on ne sait plus si c'est un orgue que l'on entend, si les sons viennent du ciel ou de l'enfer ; il ne se présente à l'esprit d'autre image que des fournaises rouges, livides, agitées, et des avalanches de corps qui tombent, qui tombent sans cesse dans l'abîme. Lorsque les sons s'arrêtent, il semble qu'une montagne tombe de votre cœur. On écoute encore : tout est fini. Alors seulement on songe à payer un tribut d'éloges à l'exécutant ; mais comme les marques bruyantes d'admiration sont interdites dans le lieu saint, on témoigne son enthousiasme par une petite toux significative et prolongée, qui s'exhalant de poitrines d'artistes et de connaisseurs, est après l'immense jouissance que donne l'inspiration, la plus belle récompense de l'Organiste.

Cet artiste commet bien aussi quelques peccadilles : par exemple, quand les fumées du champagne lui ont quelque peu troublé le cerveau, il prend un morceau pour un autre ; joue le *Veni Creator* au lieu du *De profundis* ; exécute, à la place d'une antienne, un morceau d'opéra ou même une contredanse ; mais il y a toujours quelques bonnes âmes qui trouvent de secrets rapports entre ces digression intempestives et l'hymne ou la prose du jour , en sorte que tout va pour le mieux et que rien ne trouble la piété des fidèles.

Avant de quitter la musique d'église , nous voulions dire un mot de cet instrument dont Arnal ne connaît pas encore le sexe , et qu'il appelle indifféremment *le trombonne* ou *la trombonne*. Mais cette sorte de trompette qui s'allonge et se racourcit si bizarrement et dont le son ressemble au bruit que fait une personne qui se mouche, a perdu pour nous toute sa poésie, depuis que nous avons vu, à la parade du Cirque-Olympique de la famille *Butor* ou *Bouthor* , de jeunes demoiselles en jupes courtes garnies de paillettes pincer d'un instrument aussi peu féminin.

Nous nous rappelons un peu tard qu'en tête de cet article, nous avons mentionné l'obscur , mais indispensable compagnou de l'organiste, le souffleur. Un trait suffira pour le caractériser. Au sortir de l'Eglise, après l'exécution du *Te Deum*, un de ces braves gens disait à l'organiste :

Faut convenir tout de même, monsieur, que *nous* venons de jouer un fameux morceau !

Avait-il tort ?

VIII

LA LOUEUSE DE CHAISES

T patati ! et patata ! — C'est mam'selle
Béchamelle ! — Vot' chaise, madame ?
—A combien qu'elles sont aujourd'hui ?

— A trois sous; pas à moins. — Plaît-il? — Trois sous, que je vous dis! — Trois sous, diable! diable! diable! diable! — C'est le prix des solennels majeurs et nous n'y gagnons rien, je vous le jure par la vérité de Dieu. N'y a pus personne à l'église depuis c'te gueuse de révolution; n'y a que ces étudiants qui viennent les jours de musique et qui bouleversent tout. — Voilà vos trois sous! — Mais c'est deux chaises que vous avez! — Sur celle-là n'y a que mon cabas. — Bah! Et vot' chien, pour qui donc le prenez-vous? C'est un joli petit carlin tout de même. — Il vient d'avoir la maladie; mais ça va mieux! — La patte, Azor! Azor, faites le beau! Hein, ne mordez pas, pppolisson! — Excusez, madame, c'est à vous ce gros garçon? — C'est une petite fille, madame. — Quel âge a-t-elle? — Quatre mois. — Regardez comme c'est déjà fort. — Allons, faites la risette à madame. — Coucou! ah! me voilà! — Ah! — Qu'est-ce que vous avez? — Rien, je crois que la petite vient de salir mon tablier. — Ah! pardon! — De rien! — Pan! pan!... Pour les besoins du culte, s'il vous plaît!... Mam'selle

Béchamelle, vous choisissez toujours pour vos chaises, le moment où M. le curé fait sa quête. — Je vous demande pardon, il faut bien que chacun fasse son petit commerce. — Place à M. le curé! — Pan! pan! Pour les besoins du culte, s'il vous plait! — Mam'selle Béchamelle! — Voilà, ma petite dame! — Cette grosse qui venait toujours avec sa demoiselle, vous savez, à côté de la chaire, pourquoi donc qu'elle est seule maintenant? — Ah! dame! la jeune personne... il paraît qu'il y a des cancans là dessus, vous savez que je sais retenir ma langue; mais entre nous on est obligé de la marier tout de suite. Ça presse. — Vrai! — Oui, ça faisait la bégueule... il a fallu qu'elle y passe comme une autre. — Monsieur, vot' chaise? — Je ne fais que de m'asseoir! — Vous êtes là depuis longtemps. D'ailleurs, du moment que vous êtes assis, faut payer. — Je n'ai pas de monnaie, sauf un monaco que je réserve pour la quête.— Silence là bas! voilà le prédicateur qui commence son second point! — Il faut pourtant que je finisse, j'ai encore tout le côté de l'épître à faire. — Comment se nomme le prédicateur?

— L'abbé Tisonnet, un beau brun ! — Grand ?
— Ni peu, ni trop. — Hé ben, ma petite mère,
comment va le rhume ? — Hum ! hum ! hum !
— Et le rhumatisse ? — Hum ! hum ! — Et les
coliques ? — Et les... hein ? — Tout doucement
hum ! hum ! hum ! — Sauf tout ça, ç'a va bien ?
— Pas mal, et vous ? — Vous devriez prendre
quelques remèdes ? — . . . . —
Voulez-vous que je vous prête la mienne, sous
votre respect ? — Vous êtes trop bonne. — Hé!
là-bas! ne montez donc pas sur les chaises, ppo-
lissons! j'vas vous faire mettre à la porte par
le Suisse. — A bas! — Chut! chut!

On cesse d'éternuer, de se moucher, de cra-
cher; les mouchoirs rentrent dans les poches,
et les nez dans l'immobilité. Les chaises se re-
muent, se tassent encore pendant cinq minutes, et le prédicateur, après avoir jeté un
regard de satisfaction sur ses auditeurs, entame
son second point.

Mam's lle Béchamelle se donne quarante
printemps : nous sommes fondés à en ajouter
cinq ou six, vu qu'elle ne compte pas ceux qui
ont été froids ou pluvieux. Elle porte une robe

de couleur sombre, recouverte d'un tablier en
taffetas noir et un bonnet richement garni,
dont les rubans violets retombent sur ses épaules. Elle est bien prise dans sa taille, quoiqu'un
peu épaisse. Son visage haut en couleur, fleurit
avec la saison nouvelle; il est animé par des
yeux très-vifs, et orné d'une protubérance tu-
berculeuse dont tout le monde est étonné.
Mam'selle Béchamelle use ou plutôt abuse du
tabac et se sert de mouchoirs à carreaux. Après
avoir été rat de l'Opéra, elle s'est faite, vu
l'âge, rat d'église; et comme elle a exercé l'emploi de gouvernante de M. le curé, par un
reste d'habitude, les autres rats lui témoignent
un grand respect. On l'accuse bien quelquefois
d'être un espion de la fabrique et de rapporter
quelque part tout ce qu'elle voit et entend;
mais cela ne se dit qu'à voix basse et en secret.
En sa qualité de célibataire mam'selle Béchamelle revêt parfois les vêtements blancs, et fait
partie de quelques confréries, quoiqu'elle
n'aime guère les confrères, qui sont autorisés à
ne pas payer de chaises. Elle a l'œil bon et sûr,
de sorte qu'en jetant un regard sur les fidèles

contenus dans la nef, elle suppute mentale-
ment avec la plus grande justesse ce que l'office va lui rapporter. Si elle aperçoit quelque
jeune personne timide, venue par hasard sans
sa maman, elle lui fait payer le prix double,
tout en l'appelant mon petit lapin, mon petit
ange, ma petite chatte. Elle s'oublie assez souvent jusqu'à venir tendre la main, ou comme
dit le serpent la *demi-aune*, aux personnes
qui ont loué des chaises à l'année ou à celles
qui ont déjà payé une fois; mais il lui arrive
de recevoir, au lieu d'argent, de vives rebuf-
fades. Dès qu'elles entendent le son de la monnaie qui trahit l'approche de celle qui reçoit le
prix des chaises, beaucoup de personnes se lèvent et s'éclipsent adroitement. C'est un sup-
plice pour la loueuse lorsqu'elle se trouve em-
pêtrée dans la foule et qu'elle est obligé de laisser échapper tous ces trois sous qui s'en vont.
Dans certaines églises comme il faut, on a
trouvé un moyen de parer à cet inconvénient;
c'est d'entourer la nef d'une balustrade et de
faire payer avant d'entrer, au rebours des
spectacles forains, où l'on ne paie qu'en sor-

tant, encore si l'on est content. Il n'y a plus que les gamins qui enjambent la barrière et entendent l'office gratis.

Un autre cauchemar de la loueuse de chaises, c'est le gros monsieur qui prend possession d'une chaise le matin, à la première grand'messe, et la garde jusqu'à la bénédiction du soir sans vouloir payer plus d'une fois. Il faut aussi mentionner les gens qui se servent de la paille des chaises comme de torchons pour essuyer léurs bottes par un temps de boue et les chiens qui ont l'audace de lever la jambe le long des piles de chaises, malgré la vigilance du Suisse.

— A propos de Suisse, on m'a assuré qu'il n'était pas indifférent aux attraits ci-devant printanniers de la loueuse de chaises. — Mauvaises langues!

C'est à mam'selle Béchamelle qu'il faut s'adresser pour savoir les nouvelles qui courent, pour en faire circuler, et pour réclamer les effets perdus. Elle est très-discrète, et si vous avez avec elle de bons procédés, elle vous rendra une infinité de petits services.

Les chaises affermées à l'année par la fabrique sont pour elle d'un revenu considérable. Il y en a qui sont garnies de coussins et dans le dossier desquelles on a pratiqué de petites armoires fermant à clef. Celle-là se louent à bail et sont payées un prix exorbitant. La loueuse des chaises a des moyens extrêmement ingénieux d'augmenter ses profits : c'est à elle plus qu'à tout autre que peut s'appliquer notre épigraphe ; mademoiselle Béchamelle mourra rentière, entre son chat et son serin.

IX

LE SONNEUR

HAQUE année, le matin du Jeudi-Saint, toute la marmaille de Paris et de la banlieue se réveille avec une pensée qui rend les joues de l'enfant plus vermeilles et le baiser de la mère plus tendre.

Ce jour-là, depuis un temps immémorial, les cloches partent pour Rome ; malheureusement il survient toujours une foule d'accidents qui empêchent le marmot de jouir de ce spectacle si désiré. On a sali les jolis vêtements de son âge ; on a été désobéissant ; on a touché au feu. En conséquence, on est obligé de rester à la maison, et l'on se console en assourdissant tout le monde de cette mélodie variée : din ! din ! don ! mariez-vous donc ! din ! doun ! drelin ! drelin ! baoun !

Les cloches, elles, n'attendent pas que l'enfant soit sage. A trois heures de l'après-midi, il leur pousse subitement des ailes. Après une dernière volée qui ébranle toute la tour, elles s'en détachent une à une, les petites d'abord, les grosses ensuite, éclatent de rire au nez du Sonneur stupéfait et se forment en une longue file, qui passe au-dessus des populations émerveillées. Enfin elles descendent dans une grande place où beaucoup de monde les attend ; elles font la révérence et se posent gravement aux pieds du pape qui leur donne sa bénédiction ; puis elles reviennent par la même route recommencer avec amour leurs joyeux carillons.

Et les petits enfants sont bien contents ; car depuis deux jours, lorsqu'ils allaient à l'Eglise, ils n'entendaient que la crécelle, dont le bruit aigre a remplacé les notes boiteuses de la cloche de bois, qui du haut du clocheton de Notre-Dame, jetait autrefois la tristesse dans l'âme de nos pères

Alors, cédant à vos prières, la maman vous mène voir dans leur cage de pierre ces oiseaux qui chantent si fort. On a peur ; car il fait bien noir et il faut monter bien haut. Pourtant on arrive ; on plonge dans la mer de bruit ; on contemple ces gueules mugissantes qui viennent tour-à-tour se présenter à vous, en vous laissant voir leurs langues énormes. Mais ce qui captive surtout l'admiration, c'est celui qui dirige ce vacarme, avec l'impassible assurance d'un général d'armée, et qui d'un mot excite ou apaise la tempête.

En effet, la vie du Sonneur est bizarre et exceptionnelle. C'est un ermite au milieu du monde. Il méprise les hommes qu'il ne voit que de loin, en bas, et qui lui semblent si petits ; les événements se succèdent sans l'émouvoir : il est bien au-dessus d'eux. Pourquoi convoiterait-il les honneurs ? N'est-il pas assez élevé ? Aussi affecte-t-il une grande horreur pour la mode et les innovations. Son costume est toujours le même. Il se compose d'une veste de drap qui a jadis été verte, d'un pantalon de velours passé, d'une casquette de loutre, et d'une paire de savates. Le tout est revêtu de poussière et de toiles d'araignées comme une vieille bouteille de Lunel. Il laisse croître sa barbe, et ses cheveux, qu'il ne peigne qu'à Pâques, se réunissent en mèches raides qui forment sur sa tête comme autant de petits clochers. Il traîne sa jambe gauche, qui retarde un peu sur la droite, et sa vue est devenue courte par suite de la vie obscure qu'il mène ; il a la funeste habitude de mâcher du tabac, ce qui lui a rendu les dents semblables à des clous de girofle. Les cloches lui ont légèrement écorché le tympan, en sorte qu'il n'est pas toujours à la conversation. Si, par exemple, quelqu'un lui dit : — Voilà un bien vilain temps, père Lanternois ? — Tout doucement, et vous ? répond-il aussitôt. Comme il s'imagine que tout le monde partage son infirmité, il a l'habitude de vous crier aux oreilles le moindre mot. Du reste, c'est la meilleure pâte de rat possible ; il est même marié, et père de deux moutards qu'il élève dans sa profession ; mais sa véritable famille, ses vrais enfants, ce sont ses cloches. Pour elles, il a réservé ses plus vives tendresses et ses appellations les plus douces. — Allons ! Jeannette ! — allons ! ma blonde ! — plus fort, Marie !

—doucement, Jacqueline ! — là ! là ! mes
cocotes.... Et quel bonheur, quelle fête pour
lui lorsque sa famille est augmentée, lorsqu'il
assiste au baptême d'une nouvelle fille ! Quels

honneurs pleuvent tout à coup sur lui ! C'est un archevêque qui donne la bénédiction à l'enfant ; c'est un prince et une princesse qui sont parrain et marraine. Les présents lui abondent ; mais il laisse tout pour contempler la houri qui va entrer dans son sérail. Il la flatte, il la caresse ; il l'amadoue ; il l'embrasse ; il est impatient de se trouver en tête à tête avec elle, et de lui donner un grand bal, où il la fera danser avec tout son sérail.

Les cloches sont le sujet perpétuel des pensées du Sonneur. Quand il est en gaieté, il prend sa femme par dessous les bras et la remue comme la grosse cloche. La nuit, il voit des milliers de clochettes avec une charmante tête blonde et de petits pieds de satin, qui viennent exécuter autour de lui des rondes fantastiques. S'il a le cauchemar, il rêve que sa tête grossit, grossit, et que le bourdon de Notre-Dame vient lui servir de bonnet de coton. Mais s'il s'avise d'être somnambule, les conséquences sont on ne peut pas plus graves. Imaginez à une époque si fertile en paniques, imaginez le tocsin sonnant tout à coup au milieu de la nuit. La rue de Jérusalem se réveille en sursaut et passe sa robe de chambre ; des limiers partent de tous côtés. Bientôt l'alarme est donnée, les chevaux sont selles et bridés ; de longues patrouilles sillonnent les rues ; on braque le canon des Invalides ; la terreur est dans la capitale. Quand on a tout mis sens dessus dessous, et qu'on s'avise à rechercher la cause première du tumulte, on trouve le Sonneur qui, les yeux fermés, se livre paisiblement à son occupation favorite.

Le Sonneur regarde la tour comme un domaine qui lui appartient en propre. Il habite au pied, dans une cabane où les rats viennent quelquefois lui tirer l'oreille lorsqu'il repose. Son logement est très-avantageux en ce qu'il lui permet d'exiger un péage des personnes qui, par distraction, s'amusent à monter vingt étages, et auxquelles il sert de cicerone. Cette gratification lui est bien due ; car, qui mieux que lui pourrait dire le nom et l'âge des cloches, le nombre exact des marches de la tour ? et les points de vue variés que l'on aperçoit de son sommet ? Aussi le Sonneur quitte rarement ce palais où il trouve plaisirs et profit. Il vient manger auprès de ses filles, assis sur une poutre, caressant alternativement la cloche et la bouteille. Dans ses moments perdus il apprivoise les corbeaux et leur fait faire l'exercice. Il est parvenu à dompter une petite souris blanche et rose, et à la faire tourner, condamnée à perpétuité dans une cage *ad hoc*. Il a aussi ses chasses et ses guerres. Il livre de sanglantes batailles aux chauve-souris, et, comme monument de ses triomphes, il en cloue une sur le devant de sa porte. Il est encore botaniste, ornithologiste, et entomologiste. Les p'antes qui croissent dans les fissures des pierres lui fournissent une flore abondante, et celles qu'il recueille le plus volontiers sont les campanules et les clochettes bleues. Il assiste au départ et à l'arrivée des hirondelles; il fait de magnifiques collections d'insectes. Et quand la lune se pose sur la tour comme un point sur un *i*, de quels mystères ineffables le Sonneur n'est-il pas témoin? Les amours désordonnées des chats captivent son imagination. Le premier, il entend le chant du coq, et la voix des heures, ce qui le dispense de porter une montre. Il voit de loin les incendies qui dévorent les habitations des hommes. Parfois, le matin, il pousse une reconnaissance jusqu'au télégraphe et entame avec le guetteur un bout de conversation.

« Eh bien! quoi que vous voyez de bon dans vot' mécanique?

— Pas grand chose, père Lanternois, répond le personnage sans décoller son œil de la lunette; pas grand chose, je vois l'herbe qui verdoie et le soleil qui poudroie.

— Une prise, papa!...

— A vot' service, mon ancien!

Dans les campagnes, où l'on décore du nom de cloche un chaudron fêlé, les Sonneurs ont la prétention de se mesurer avec l'esprit de l'orage et de lui arracher la foudre; mais l'esprit irrité fond sur le nouveau Titan et le précipite, la tête en bas et les jambes en l'air, du haut de son clocher en feu. Souvent aussi, dans ces circonstances, la cloche se détache et englobe l'audacieux Sonneur, comme une cloche de verre qui couvre un grand cornichon.

X

LE DONNEUR D'EAU BÉNITE

Ainsi que le dragon des Hespérides, à chaque porte de l'Eglise se hérisse un donneur d'eau-bénite, lequel, toutes les fois que vous entrez ou que vous sortez, vous fourre sous le nez son inévitable goupillon. Si vous passez sans tenir compte de cette amicale provocation, si vous avez l'audace de plonger vous-mêmes vos doigts dans la coquille marine qui contient l'eau lustrale, le dragon laisse échapper un gémissement ou plutôt un grognement, et vous donne intérieurement sa malédiction. Ne soyez pas si dédaigneux. Il ne faut mépriser personne, ainsi que le prouve le bonhomme dans sa fable intitulée : *Le Lion* (du boulevard de Gand) et *le Rat* (de l'Opéra). Jetez avec moi un regard sur le Donneur d'eau bénite, et peut-être apprécierons-nous son utilité. Le premier coup-d'œil ne lui est pas favorable. Ses cheveux poivre et sel, sa longue barbe, et plus encore le coquillage et l'eau salée auprès desquels il se trouve sans cesse lui donnent quelque similitude avec un vieux Triton. Il se tient immobile dans une boîte

carrée en bois de chêne, qui de loin ressemble à un cercueil debout et ouvert. Ses pieds reposent sur un antique paillasson ; entre ses jambes ronfle un chien caniche presque aussi retapé que son maître et sur ses genoux sont rassemblés les débris d'un tapis d'Aubusson , qui, dans ses beaux jours, vit passer des processions magnifiques, et sur lequel un œil exercé distingue encore David regardant à travers un lorgnon la femme d'Uri dans son bain. Les yeux chassieux du Donneur d'eau bénite sont abrités sous un auvent revêtu de taffetas vert, dont le reflet anime son visage couleur pain d'épice de Reims. Ses oreilles, un peu dures, sont bourrées de coton. Il ne lui reste qu'une seule dent ; mais elle a toutes les couleurs d'un arc-en-ciel où le vert domine. A voir la torpeur somnolente dans laquelle il est sans cesse plongé, un naturaliste le comparerait aux marmottes, qui dorment tout éveillées. Cependant si vous approchez de très-près pour étudier ce visage ridé et couturé, vous y déchiffrerez insensiblement une expression indéfinissable, comme de raillerie et de cynisme, quelque chose de

Méphistophélès venant de perdre l'âme de Marguerite. Cette main flétrie qui égrène un rosaire, ces lèvres décolorées qui marmottent des oraisons, ce balancement monotone du corps, cette petite toux sèche et continuelle, cette profonde humilité, tout cela vous fera l'effet d'une mauvaise parodie. Il n'y a pas jusqu'au bonnet de coton noir, droit et raide sur la tête du vieillard, qui n'ait l'air d'un déguisement hypocrite et qui ne donne à réfléchir profondément.

Et si l'observation vient au secours de la réflexion, vous ne tarderez pas à vous fixer sur la spécialité de cette espèce d'homme. Dans un moment où tous les fidèles, obéissant aux appels argentins de la clochette demeurent recueillis et prosternés, vous remarquerez une jeune femme, timide, incertaine, couverte d'un voile, qui se dirigera vers le Donneur d'eau bénite pour échanger avec lui quelques paroles, et lui mettra dans la main une pièce de monnaie. Mais si vous donnez à votre regard la plus grande intensité, vous pourrez entrevoir un billet rose rapidement froissé dans la petite main de l'inconnue. Poursuivez le cours de vos observations, et le lendemain, à la sortie de l'office, vous verrez un jeune homme à la chevelure parfumée, présenter à celle dont vous épiez les pas ses doigts mouillés d'eau bénite et lui serrer doucement la main. Tous vos doutes sont levés; vous avez compris l'importance des fonctions secrètes du Donneur d'eau bénite.

Amour des dévotés, oh! que sous vos ailes ardentes vous recélez d'ineffables mystères! Qui racontera vos extases et vos ravissements? L'amour mondain n'est qu'un caprice que la possession tue sur le sein même de la femme adorée; mais dans votre vie si calme au dehors, si pleine au dedans, le moindre attouchement, le moindre geste, le moindre regard acquièrent l'importance d'un évènement. Il y a, pour amener le frôlement de deux vêtements, le contact de deux doigts, des combinaisons qui effraieraient le diplomate le plus consommé. Quel bonheur de savoir son nom emporté vers le ciel dans les élans d'une méditation passionnée! de régner avec Dieu dans ce cœur, foyer d'amour! de vivre dans cette pensée si chaste, que l'ombre d'un mauvais désir la trouble, la contriste! Comme le péché donne de l'attrait aux choses les plus indifférentes! Et quel profond dévoûment que celui de cette femme qui croit à chaque instant sacrifier pour vous son éternité! Amour des dévotes, tendresses maternelles, effusions divines, paradis de l'âme, heureux, trois fois heureux qui peut vous connaître et vous apprécier.

La tête pleine de ces idées, on ramène des yeux plus complaisants sur le vieillard qui tient les fils de tant de mystérieuses intrigues et qui les conduit avec tant d'adresse; qui reçoit de si délicates confidences et qui ne les trahit jamais. Oh! qu'il en sait long sur la vie intime, et quels beaux romans il pourrait faire, s'il savait écrire! Aussi, dans les moments où l'Église, veuve de prières et de fidèles, se remplit des flots de poussière que soulève le balai du Sacristain, tandis que les chaises s'empilent avec fracas sous la main vigoureuse de mademoiselle Béchamelle, pendant que l'orgue, que l'on accorde, fait entendre des sons aigres et prolongés, le vulgaire des rats se rassemble autour de la boîte du Donneur d'eau bénite, et prête une oreille ravie à ses histoires, interrompues de temps en temps par les observations du père Lauternois. Le conteur a soin de travestir les noms propres, en sorte que sa réputation de discrétion reste complétement intacte. Une autre fois, le Bedeau, le Sacristain, le Sonneur, la Loueuse de chaises ont des plaintes à former contre la fabrique, et il y a conseil tenu par les rats auprès du Donneur d'eau bénite. Celui-ci rédige verbalement une pétition, qui est griffonnée par le greffier, et le conseil, séance tenante, nomme un *rat porteur*, chargé de la présenter à M. le Curé. Si quelque prêtre entre en se glissant comme un chat, l'assemblée se dissipe tumultueusement, et c'est encore le Donneur d'eau bénite qui paie de bonnes raisons le Rominagrobis.

Quand le Donneur d'eau bénite est malade, les dévotes font queue à la porte de l'Église pour lui porter chacune un bouillon hollandais.

XI

LE MARGUILLIER

Tandis que les chevaux des conquérants s'emportent à travers le monde et piétinent dans le sang des peuples ;

Tandis que l'émeute bat les rues, et que des cris de mort retentissent dans les carrefours ;

Tandis que la faim décime des populations, et qu'un travail ingrat flétrit la sainte et douce enfance ;

Tandis que chaque jour voit surgir des découvertes imprévues qui portent les plus terribles coups de pied à la routine et aux préjugés;

Tandis que la société, vieille machine usée et vermoulue, se détraque de toutes parts et que demain peut-être nous allons nous réveiller dans un nouvel ordre social ;

Le Marguillier prend les choses comme elles viennent, et va son petit bonhomme de chemin.

Bon citoyen, bon voisin, bon ami, bon fils,

bon époux , bon père , bon oncle, bon parrain, bon compère , bon boutiquier , n'ayant pas la moindre velléité de ruiner par ses inventions le commerce des artificiers , il mettra demain son pied sur les mêmes pavés où il les met aujourd'hui ; son épouse le cravatera de la même façon ; il mangera le même nombre de rôties dans son café et fera , comme aujourd'hui , le voyage du Palais-Royal pour régler sa montre sur le canon qui part à midi , quand il fait du soleil.

Pourtant cet homme sec et blême ne manque pas d'un certain poids , et jouit d'une haute dignité qui lui fait porter avec orgueil son chef vénérable. Quoique ses occupations de chaque jour soient engrénées de manière à ne pas laisser un intervalle où puisse germer une idée utile, il lui est , je ne sais par quelle fissure du crâne, venu celle de frayer avec les dignitaires de l'Eglise, et de s'immiscer dans le conseil de fabrique. La part qu'il prend aux délibérations, consiste 1° à voter pour que l'on enlève, comme indécentes , les figures sculptées au portail de Notre-Dame , et pour que l'on badigeonne l'édifice de haut en bas ; 2° à se faire adjuger les fournitures qui concernent sa partie ; 3° à entasser sur le sein de sa fidèle épouse les plus grosses brioches qui surmontent le pain béni.

La principale fonction du Marguillier consiste à tenir, dans les processions, un gros cierge carré, en carton peint, flanqué de deux écussons rouges. Ce gros cierge de carton contient dans son intérieur un ressort, à l'extrémité duquel on adapte un bout de bougie que l'on allume. Soit négligence du Sacristain, soit espièglerie d'un Enfant de Chœur, il arrive qu'au moment où personne n'y pense, le ressort se détend, le bout de bougie s'élance et retombe sur le nez du dignitaire ébahi. Un pareil événement dérange pour huit jours l'équilibre du Marguillier, le fait sortir de son assiette et lui coupe l'appétit.

Avec la dignité dont nous venons d'énumérer les principaux avantages, le Marguillier cumule celle de membre de deux ou trois confréries.

Les confrères se rassemblent de temps à autre, avec la permission de l'autorité, pour expédier aussi vite que possible, une enfilade incommensurable de *Pater*, d'*Ave* et de *Credo* et pour psalmodier d'une voix d'arrachement les sept psaumes de la pénitence. Ils élisent à la pluralité des voix :

Un président qui ne préside rien ;

Un secrétaire, qui n'écrit pas la moindre patte de mouche ;

Un trésorier, qui n'a pas de caisse ;

Un surveillant, qui ne surveille pas.

Le président porte la bannière de la confrérie ; le vice-président, le secrétaire, le trésorier et le surveillant tiennent les cordons ou rubans qui s'y attachent. Les autres suivent clopin clopant, cahin, caha, avec leur habit noir, leur col de chemise hyperbolique, leur col-cravate semblable à un carcan, et leur gros cierge en carton.

Les confrères jouissent du droit de ne pas payer de chaises pour leurs exercices qu'ils font toujours debout ou à genoux.

Pendant le prône ou le sermon, les Marguilliers trônent au banc-d'œuvre, en face de la chaire. Ils admirent la face du Prédicateur, dont le vulgaire ne voit que le profil. Souvent,

dans la chaleur de l'improvisation, celui qui
prêche leur adresse une allocution directe.
Ainsi, après avoir tonné contre les impies qui
ne respectent pas la défense écrite en gros ca-
ractère, au mur extérieur de l'Eglise, un mis-
sionnaire s'écria, en se tournant vers le banc-
d'œuvre :

« Si de pareilles choses se renouvellent, c'est
à vous, Marguilliers, à y mettre la main ! »

Le Marguillier est haut sur jambes comme
un héron, sec comme un parchemin de famille
et jaune comme un sou de Louis XVI. Sur son
crâne nu et poli se dressent quelques rares
cheveux roux, durs et raides comme de l'herbe
flétrie. Ses petits yeux gris et ronds s'enfoncent

profondément dans leur orbite, surmontés d'un sourcil en broussailles. Sa figure blême s'allonge en lame de couteau ; et sa mâchoire supérieure avance considérablement sur l'inférieure.

Il est constamment serré dans un antique habit à queue de morue, lequel comprime tellement ses poumons, qu'il est obligé de souffler au lieu de respirer. Il a un tic qui le fait sauter de six pas en six pas, comme s'il voulait battre un entrechat. Quand il écoute quelqu'un, il s'occupe à courir après les parcelles de tabac qui s'égarent sur son jabot toujours empesé comme un bonnet de Cauchoise. Les Marguilliers qui se servent de perruques ont conservé l'usage de la poudre, et se coiffent à l'oiseau royal. Tous ces honnêtes personnages sentent l'aigre-doux et tournent continuellement dans un cercle d'occupations et d'habitudes dont voici les principales :

Dans ses promenades, le Marguillier conduit en laisse un chien aussi charnu qu'il est, lui, décharné. Il suit l'animal qui le tire, court quand il court, s'arrête quand il s'arrête, le contemple lorsqu'il satisfait à quelque nécessité, et tient un fouet pour l'empêcher de se livrer à de folles amours ;

Il porte une grosse montre, dite *bassinoire,* dont les breloques résonnent sur son ventre comme sur la peau d'un tambour ;

Il se sert de lunettes dont chaque verre égale en circonférence un écu de six francs ;

Quand il tousse, il met sa main devant sa bouche, et il crache dans son mouchoir ;

Il n'entreprend aucune affaire le vendredi , et ne change pas de chemise ce jour-là ;

Lorsqu'il tonne, il fait le signe de la croix.

S'il a quelque bosse au front, il y applique une compresse d'eau bénite ;

Il frémit si l'on répand du sel sur sa table , ou s'il voit des couteaux en croix.

Le Marguillier hausse les épaules, lorsqu'il entend dire que de jeunes médecins entreprennent un voyage vers une contrée en proie à la peste, pour braver le fléau , et s'exposer à mourir peut-être sans confession ; tandis qu'il serait si simple et si efficace de prendre la châsse de St-Roch, celui qui rendit l'âme en vrai chrétien, dans les bras de son... compagnon, et de la promener lentement par la ville, avec une escorte de Marguilliers en grande tenue!

Après de longs et paisibles jours, le Marguillier s'éteint comme une chandelle des huit. A sa mort le soleil ne se voile pas, les ténèbres ne couvrent pas la terre, les fleuves ne débordent pas, les montagnes ne s'agitent pas sur leur base, les loups ne hurlent pas dans l'ombre, les statues ne versent pas des larmes de sang, aucune voix ne s'entend dans l'air, aucune comète ne flamboie dans le ciel. Seulement, au cimetière du Père-Lachaise, s'élève une pierre surmonté d'une urne brisée, ou d'un amour qui éteint un flambeau, et sur laquelle on lit cette inscription :

Aux mânes
de Jean Porrichon, pharmacien,
Marguiller de sa paroisse,
mort
à l'âge de soixante-seize ans, regretté
de tous ceux qui ont eu l'avantage
de le connaitre.
Ce monument a été élevé
par son épouse
qui ne cessera de le pleurer et de vendre
d'excellente manne
en larmes,
! ! !

7

XII

LES GUEUX D'ÉGLISE

> Les gueux, les gueux,
> Sont des gens heureux,
> Ils s'aiment entre eux...
> Vive les gueux !

ILS s'aiment entre eux ! Cela est faux, horriblement faux si on l'applique à cette vermine bimane qui grouille au porche des Églises. Jamais race plus mauvaise, plus hargneuse, plus envieuse, plus effrontée, plus jalouse, plus exigeante, n'exista depuis le déluge. Ils se battent pour un liard ; ils s'égorgeraient pour un Monaco. Des femmes, ou plutôt des harpies, se mordent, s'égratignent, se déchirent leurs bonnets, se prennent aux cheveux, sans quitter l'enfant qu'elles portent dans leurs bras. Les hommes arrachent l'aumône aux femmes ; les femmes l'arrachent aux enfants

Malheur à vous, si vous ne leur donnez rien !
Ils vous jetteront des immondices ; ils vomiront
contre vous de grossières injures, et si vous
donnez à l'un d'eux, malheur à vous ! Vous
aurez fait un ingrat, vous vous serez attiré
vingt ennemis, et votre charité n'aura profité
qu'au marchand de vin.

Les Gueux d'Église se divisent naturellement
en deux grandes classes, aussi riches l'une que
l'autre en variétés : les *industriels* et les *mendiants.*

Parmi les *industriels*, on remarque les *goi-
peurs*, qui courent après les voitures pour ouvrir la portière et abaisser le marche-pied. Ce
sont, pour la plupart, des individus robustes et
capables de travailler ; mais qui ont préféré, à
une occupation honorable, une honteuse oisiveté. Ils forment une société, obéissent à un
chef, auquel on remet l'argent reçu, et qui le
distribue ensuite avec plus ou moins de coups
de poing. Dès qu'il se fait à l'Église un mariage,
un baptême, un enterrement, ou quelque
autre cérémonie, on les voit apparaître tout à
coup ; ils semblent surgir de terre, comme les

insectes après l'orage. Si le marche-pied tarde trop à descendre, ils vous offriront de monter sur leur dos. Ils soutiennent, de leur main rude et sale, la jeune mariée, cachée au fond de son nuage de dentelle. Dans les circonstances où les personnes qui n'aiment pas à représenter voudraient s'effacer le plus possible, ils les mettent en évidence et attirent sur elles l'attention du public. Ils vous brossent d'une main, et vous salissent de l'autre. Ils vous avertissent que votre montre est sortie de votre gilet, et en même temps, ils vous enlèvent votre foulard. Si vous n'êtes pas assez généreux à leur égard, ils se battront avec votre cocher et causeront quelque émeute, dont vous serez infailliblement la victime. Ne songez pas à éviter ces gens-là : c'est une nécessité qu'il faut subir, comme le choléra, comme les paveurs, comme les compliments du jour de l'an.

Viennent ensuite les *marchands* d'images, de chapelets, de reliques, le tout approuvé et béni par notre saint père le pape. Il est d'usage de leur acheter leur marchandise, mais de ne pas la prendre ; si vous en agissez autrement, ils vous feront la grimace et vous appelleront *impies*. Ces industriels tiennent aussi un assortiment de petits morceaux de bois et des clous de la vraie croix, lesquels, vu leur prix élevé, ne se vendent qu'aux personnes riches. Le jour des Rameaux, ils joignent, à leur commerce, la vente du buis bénit. Ils tiennent en outre des brioches et des chaussons aux pommes pour les enfants.

En troisième lieu brillent les *conservateurs*, qui vous gardent votre canne, votre parapluie, ou votre domestique. Vous êtes d'autant plus sûr de ne pas les voir s'enfuir avec ces objets, que vous ne les confiez qu'à des paralytiques ou à des impotents. A Saint-Thomas d'Aquin, un de ces industriels se fait remarquer par l'agilité merveilleuse avec laquelle il sautille sur la seule jambe qui lui reste, sans béquilles et sans jambe de bois, pour recevoir les parapluies et les ombrelles des dames qui fréquentent cette aristocratique paroisse. Il les connaît toutes par leurs noms et leurs titres, ainsi que leurs chiens et leurs voitures, qu'il fait avancer ou ranger au besoin.

Cet éclopé est renommé pour sa bonne tenue et sa galanterie.

Aux derniers rangs, figurent les *Cicerones*, qui vous apprennent la liste des offices de chaque fête, le nom des prédicateurs, les saints dont l'Église possède les reliques et les miracles que ces reliques ont opérés.

Voilà les industriels : quant aux *Mendiants*, ils comptent dans leur sein :

1° Les *Pleureurs* et pleureuses, qui, après s'être frotté les yeux de jus d'oignon, suivent tristement les convois de deuxième et troisième classe. En échange de leur douleur, ils reçoivent cinquante centimes et une pièce de drap.

2° Les *Chanteurs* et chanteuses, dont la voix gémissante raconte l'étonnante misère du Juif errant, ou l'intéressante infortune de sainte Geneviève de Brabant, intimement liée avec un cerf du sexe féminin.

3° Les *Infirmes*, qui vivent attachés à quelque pierre de l'Église, comme une huître après un rocher et qui se servent de termes poétiques pour peindre leur malheur. Aveugles, ils s'écrient qu'ils sont condamnés à ne jamais admirer l'éclatante lumière de l'astre du jour ;

sourds, ils se plaignent d'être privés du charme des conversations pieuses et des sacrées harmonies des orgues. Ils étalent complaisamment leurs haillons sur les chefs-d'œuvre de la sculpture, se faisant un droit à la charité publique de ce que les philanthropes nomment la *livrée de la misère.*

4° Les *Portiers* qui tirent devant vous la porte de l'église, et la ferment assez brusquement pour vous prendre le nez ou déchirer un pan de votre habit, lorsque vous n'êtes pas libéral à leur égard.

5° Enfin, les *Pauvres de monsieur le curé.* Ce sont les privilégiés. Ils vivent des miettes de la table curiale, miettes encore assez grasses pour les bien nourrir, et les rendre difficiles. Ces heureux pauvres méprisent souverainement la soupe gélatineuse inventée par M. d'Arcet, et que l'Académie des sciences vient de destituer. Ils vivent dans une abondante oisiveté, sans autre souci que de prier pour la conservation de l'auteur de leur bien-être. Le soir, tous ces Gueux se rendent à la barrière dans quelque infime guinguette, laissent leurs infirmités à la porte sur un banc *ad hoc*, et se dégourdissent bras et jambes au son d'une musique enragée.

La place occupée par un Gueux à l'extérieur de l'Église est une propriété qui se transmet de père en fils, ou s'aliène à des prix fous. Quelquefois elle est donnée en dot à une fille chassieuse, qui l'apporte à son époux avec la jambe de bois que le papa moribond a léguée à son gendre. Bientôt de nouvelles richesses pleuvent sur les conjoints ; en soulevant la paillasse du défunt pour la mettre à la borne, il s'en échappe une multitude de pièces d'or qui tombent sur la sale Danaé. A cette vue le marié en guenilles saute, avec l'or, les guenilles et la jambe de bois au cou de sa moitié et danse le galop avec elle, en s'écriant :

> Les gueux, les gueux,
> Sont des gens heureux ;
> Ils s'aiment entre eux...
> Vive les gueux !

XIII

LE SÉMINARISTE

Ès qu'un enfant est assez raisonnable pour ne plus têter son pouce et que ses parents, ayant constaté la dignité qu'il met à sucer un sucre d'orge, jugent qu'il pourra faire son chemin dans l'état ecclésiastique, on le place dans un petit séminaire. Là, on fourre bon gré, mal gré, quelques bribes de latin dans la tête du novice ; on lui apprend à figurer pas trop gauchement dans quelques cérémonies, et on l'envoie à Saint-Nicolas-du-Chardonnet.

Le régime de cette maison est assez serré. La cloche y règne en souveraine et règle le temps de manière qu'il n'y ait pas une minute de perdue. Cette abdication perpétuelle de son libre arbitre rend le Séminariste indécis, irrésolu et lui imprime une timidité insurmontable qui le laisse plus tard faible et désarmé devant les rudes nécessités de la vie. La nourriture est saine et abondante : on fait quatre repas par jour, dont deux au pain sec. Pendant le carême, le chien de mer, l'anguille marine, la morue de Terre-Neuve disputent continuellement aux haricots et aux pommes de terre les honneurs de la table. Le service, y compris les plats, les assiettes et les pots-à-l'eau, est en étain brillant. Pendant le dîner, un Séminariste lit à haute voix, d'abord un passage de la Bible, ensuite l'Histoire ancienne de Rollin, tandis que plusieurs de ses camarades, revêtus par dessus leur soutane d'un tablier blanc portant une serviette sur le bras gauche, apportent les plats, enlèvent les assiettes et distribuent les restes du repas aux pauvres, qui ont leur table dressée dans un local spécial.

Les exercices religieux prennent une grande partie du temps. On prolonge infiniment trop les prières et les méditations, ce qui rend les genoux du Séminariste raboteux et plonge son esprit dans un vague d'autant plus dangereux que, les exercices bruyants étant interdits pendant les récréations, le corps s'étiole dans une sorte de langueur. Entre les classes on peut se promener dans la cour, rarement seul, jamais deux, toujours trois ensemble, ainsi que le porte textuellement le règlement : *Rarò unus; nunquam duo; semper tres.* Il est vrai que pour obvier un peu à cet inconvénient de l'épaississement des humeurs par suite du peu d'exercice, on a imaginé la mesure économique de distribuer tous les emplois de la maison aux Séminaristes eux-mêmes; mais cela ne suffit pas. Ces emplois se divisent en deux séries : laïque, ecclésiastique. Pour le laïque on compte:

Un réglementaire.

Un économe.

Un maître des cérémonies.

Un inspecteur de la propreté.

Deux lecteurs.

Huit à dix servants.

Cinq à six frotteurs pour la chapelle.

Un sacristain.

Un portier, etc., etc.

Il y a même un grand *Copronome*, et son empire s'étend sur les endroits dont Vespasien tirait une partie de ses revenus.

Le dimanche et les jours de fête, tous les Séminaristes se rendent à Notre-Dame, chacun portant sous son bras le surplis dont il a lui-même plissé les ailes. Là, ils remplissent plusieurs fonctions dans les cérémonies. Il y a :

Le *Porte-Croix*, qui doit être fort et robuste comme celui qui porta Jésus lors de son entrée triomphale à Jérusalem.

Les *Acolytes*, au nombre de deux, dont un de chaque côté du Porte-Croix. Ils tiennent un grand chandelier d'argent dans lequel se trouve un cierge en carton peint.

Les *Céroféraires*, qui se placent à genoux sur les marches de l'autel, avec de gros cierges en carton.

Le *Porte-navette*; il tient un vase rempli d'encens qu'il distribue dans les encensoirs.

Les *Thuriféraires*, ou encenseurs. Cette fonction exige un long apprentissage. Trois ou quatre mois avant la Fête-Dieu, on donne à un certain nombre d'élèves des encensoirs en bois dont on leur enseigne la manœuvre; ensuite on les réunit dans la cour, sous les ordres d'un maître de cérémonies, armé d'un *claquoir*. Au premier coup de claquoir, les thuriféraires saisissent l'encensoir ; au second, ils saluent ; au troisième ils le lancent. Ensuite on leur apprend à former, toujours au son du claquoir, différentes figures géométriques : la croix, le cœur, le carré, le triangle, le losange, le trapèze. On exécute même une espèce de feu roulant. Ces évolutions qui, du temps de Charles X, se faisaient en public, au Luxembourg ou au Champ de-Mars, étaient l'origine du bruit qui courait alors parmi le peuple que les Séminaristes apprenaient les armes et faisaient l'exercice militaire.

Malgré tant de soins et de peines, le Thuriféraire fait encore bien des boulettes les premières fois qu'il travaille en public. Il est rare qu'il ne se donne pas quelques bons coups par la figure. Comme l'encensoir se divise en deux parties vissées ensemble, il arrive qu'une de ces parties se détache et va tomber sur l'autel au beau milieu de la cérémonie. Les encensements à *longue chaîne* exigent surtout beaucoup de précautions, beaucoup d'adresse et d'agilité.

Quand aux études du Séminaire, elles sont remplies par le latin, le grec et la théologie. Tous les livres servant aux classes ont été revus et *corrigés* par un jésuite, le révérend Père Loriquet. Grâce à lui Virgile et Horace ont été dépouillés de tout ce qui respire la passion, de tous les passages qui, par une image mondaine, auraient pu ternir l'âme si pure et si unie du Séminariste. Je ne citerai qu'un exemple du tact et du goût avec lequel ces mutilations ont été faites : Dans la fable de Lafontaine, *Le Paysan et son Seigneur*, le grand personnage après avoir fait venir la fille du manant et l'avoir louée sur sa beauté,

Prend une main, un bras, lève un coin du mouchoir.

Au lieu de ce vers si gracieusement pittoresque, le P. Loriquet a mis :

Lui fait présent d'un beau mouchoir.

ce qui s'accorde merveilleusement avec la suite :

Toutes sottises dont la belle
Se défend avec grand respect.

Il en est de même pour l'histoire, pour la

science, pour tout, et les jeunes gens soumis à ce système d'éducation acquièrent les choses des idées si justes qu'ils se cassent le nez contre le premier obstacle qu'ils rencontrent dans le monde.

Après que le Séminariste a subi plusieurs épreuves auxquelles succombe le plus grand nombre, après qu'on l'a trouvé assez calme, assez docile; en un mot, lorsqu'on lui a reconnu une vocation suffisante on lui confère le premier ordre ecclésiastique, la *tonsure*, et il endosse le costume complet, qu'il ne quittera plus pour reprendre les vêtements laïques. Examinez-le lorsqu'il passe dans la rue : il est vêtu d'une soutane relevée par derrière pour laisser voir ses mollets recouverts de bas noirs collants, il porte sous le menton un rabat bien empesé, et autour de la taille une ceinture noire à franges. L'ensemble est complété par le léger manteau à petit collet, qui donne de la grâce et de l'élégance. Si le Séminariste est de service à l'Église, il est muni en plus d'un bonnet carré et d'un surplis en linon ou en batiste. Ses cheveux sont longs comme ceux des marchands de salade ; ses paupières sont baissées, et ses joues colorées d'une pudique rougeur. Une inexprimable mansuétude ést re-

pandue sur sa figure. Il passe sans s'arrêter et s'effarouche au moindre bruit, ayant soin, s'il aperçoit de loin une personne du sexe, de gagner sans affectation l'autre côté de la rue.

Bientôt le Séminariste entre au grand Séminaire de Saint-Sulpice, où il achève ses études théologiques et commence à faire les catéchismes. Il prend en main ce claquoir auquel il a si longtemps obéi, et qui sera désormais l'interprète de ses commandements. Garçons et filles se rangent sous ses ordres; il leur indique le cantique qu'ils doivent chanter, leur fait faire des *diligences*, les interroge sur le catéchisme et l'évangile, fait pleuvoir sur eux et sur elles bons points, images, médailles, et les prépare pour la première communion. Lorsque ce grand acte est accompli, le catéchiste, après avoir embrassé filles et garçons, les remet à leurs parents, et reçoit un autre troupeau, qu'il guidera de la même manière dans les pâturages du Seigneur. Il devient ensuite directeur du catéchisme de *semaine*, puis du catéchisme de *persévérance*. En conduisant ces différents catéchismes, le Séminariste a développé plusieurs de ses facultés; il s'est essayé à parler en public, à faire de petits sermons, à prendre une bonne tenue et un air imposant. Alors il est désigné par l'archevêque pour recevoir l'*ordination*. Pendant les cérémonies préparatoires, qu'il serait trop long de décrire, le candidat revêtu d'un cilice est étendu dans un cercueil recouvert d'un drap noir, entouré de cierges, et entend ainsi tout l'office. Enfin, après avoir dit plusieurs *messes blanches*, où l'on se sert d'hosties non consacrées, il célèbre publiquement la *première messe*, à laquel assistent tous ses parents et ses amis. Les portes du monde se sont à jamais refermées derrière lui : il est PRÊTRE.

XV

SILHOUETTES

DE QUELQUES OUAILLES.

Une église est un monde à part qui a sa tem-
pérature spéciale, ses bruits et ses silences, ses
joies et ses douleurs, ses rayons et ses ombres.
Ce monde change d'habitants suivant le jour,
suivant l'heure, suivant la saison. Le dimanche,
l'œil s'arrête avec complaisance sur les mamans,
parées de leurs riches toilettes, et de leurs petites
demoiselles en corsage de velours noir et en robe
de mousseline bouffante. Les petites demoiselles
examinent les images de leur Eucologe en maro-
quin rouge, doré sur tranches, et leurs mamans les grondent parce qu'elles ne veulent
jamais rester en place. Si le regard pénétrait
le front si pur et si transparent de celles qui
paraissent le plus recueillies, il verrait dans
leur pensée je ne sais quelles gracieuses images de gazes, de dentelles, de robes de toute
façon, ou bien des jeux dans la prairie, des
rondes folles, des courses après les papillons
argentés, des gâteaux, des friandises. Çà et là

des élégants se lèvent sur la pointe des pieds pour lorgner les belles dames et pour s'en faire remarquer. Les petits enfants se démoussent en criant d'une manière étourdissante, et leurs bonnes ne peuvent les faire taire, quoiqu'elles les fassent danser, et qu'elles leur chantent le roi Dagobert ; il y a les chiens qui aboient ; les

vieux bons hommes et les vieilles bonnes femmes qui ont la manie de mêler à tous les offices leur voix cassée et chevrotante, accompagnement dont les Chantres se verraient avec plaisir dispensés; puis les fidèles qui croient donner signe de piété en faisant mille contorsions bizarres, en baisant la terre, en se tordant les mains, en penchant la tête de côté et en rou'ant les yeux comme une chatte en mal de chattons. Il y a les commères qui se donnent rendez-vous à l'Eglise pour babiller, les passants qui la traversent, ou qui s'y abritent contre la pluie, les moutards qui n'arrivent qu'au moment précis de la distribution du pain béni, et les habitués des autres paroisses, qui ont pour but de critiquer tout ce qu'ils voient.

Pendant la semaine, la scène change : ce sont les charpentiers, les compagnons du devoir qui entrent avec leurs grands bâtons, leur énorme chef-d'œuvre, leurs souliers ferrés, précédés de toute la musique de chez Desnoyers, musique peu religieuse qui leur aide le matin à entendre la messe et qui les fera danser ce soir. Le jour de St-Fiacre, ce sont les jardiniers ;

le jour de St-Crépin, les cordonniers ; le jour de l'Ascension, les maçons et les couvreurs. Tous ces gens-là portent la tête haute et font force bruit dans l'Eglise, au grand déplaisir de messieurs les rats, qui sont obligés de leur faire bonne mine, parce qu'ils payent. On remarque le long des chapelles de vieux garçons qui, ne sachant que devenir, se sont fait dévots. Leur visage rubicond sort de leur col de chemise comme un beau bouquet rouge de son enveloppe de papier. Ils bâillent, se grattent, étendent leurs membres, font claquer leurs doigts, déploient avec soin leur mouchoir, pour se moucher exactement au centre, et donnent tous les signes du plus profond ennui. Auprès des confessionnaux les pénitents et pénitentes sont occupés à jeter la sonde dans leur conscience ; ils sont considérés avec étonnement par un provincial qui, son guide-âne à la main, visite les fresques et les tableaux. Enfin, dans un coin obscur, ce jeune homme qui dessine attentivement, c'est notre ami Josquin, lequel est venu là dans le but d'esquisser quelques portraictures et de croquer un certain nombre de rats.—Chacun son goût.

Si vous avez la chance d'entrer à l'église entre les deux points d'un sermon, vous jouirez d'un spectacle surprenant, inouï : c'est la danse des nez (sans calembourg). Là vous admirerez des nez de toute forme, de toute couleur, de toute dimension : Nez ronds (toujours sans calembourg), nez longs, nez carrés, nez oblongs, nez relevés, nez retroussés, nez camards, nez romains, nez allemands, nez français, nez bourbonniens, nez en bec d'oiseau, nez en pied de marmite, nez en sabots d'enfans, nez de mamans, nez de papas, nez de moutards, nez de curés, nez de Marguilliers, nez de jeunes filles, nez de vieilles dévotes, nez enrichis de topazes et de rubis, nez penchés comme les tours de Pise et de Bologne, nez qui regardent vers Damas comme la tour du Liban, nez humbles, nez superbes, nez à tabac, nez épatés, nez effrontés, nez séditieux, nez pointus, nez en museau, nez bruyans, nez éclatants, nez retentissants... ah ! quels nez ! ah ! quels nez ! Quel déluge ! quelle avalanche !.. ouf !!

XVI

SALUTIO OMNIBUS

O mes agneaux et mes agnelles, agnelles brunes, agnelles blondes, charmant troupeau autour duquel rôde sans cesse le *lion* dévorant, voici l'automne ; le vent brame dans nos jardins dépouillés ; voici l'automne qui abat les feuilles et les pâles jeunes filles ; le rossignol, ému d'un pressentiment funeste, chante plus tristement son lai d'amour... Oh ! venez ! serrez-vous autour de moi, le nimbe des inspirés a couronné ma tête ; je rayonne comme une bombe lumineuse ! L'Esprit, l'Esprit s'empare de moi ; il me possède, m'agite, m'entraine... Je me lance... Gare là-dessous !

O mes agneaux et mes agnelles, faites maigre le vendredi et le samedi rigoureusement, à moins que vous n'ayez la poitrine faible, que vous ne comptiez sur quelque dispense ou que vous n'aimiez pas le poisson. Mangez chaud et buvez frais en toute saison, et contentez-vous de vieux Mâcon, à moins pourtant que vous ne préfériez le Bordeaux. Tenez-vous les pieds chauds, la tête fraîche, le ventre libre, et moquez-vous des médecins : vous éviterez ainsi les maladies, qui sont des sources de péchés et de murmures contre la Providence. Si vous êtes mariés, supportez la chose courageusement et philosophiquement ; si vous ne l'êtes pas, mariez-vous le plutôt possible ; car rien n'est si maussade qu'une vieille fille ; rien n'est si stupide qu'un vieux garçon. Avez-vous des enfants, tenez-les bien serrés ; toutefois laissez-les jouer tant qu'ils voudront : l'enfance est si belle, si sainte et sitôt passée ! Si vous n'avez pas d'enfant, tâchez d'en avoir ; car que dit l'Eglise ? Croissez et multipliez, *crescite et multiplicamini.* Femmes, soyez soumises à vos maris, pourvu cependant qu'ils ne vous défendent pas d'aller au bal. Jeunes filles, méfiez-vous des rendez-vous ; n'allez jamais au bois, à moins que ce ne soit pour cueillir des noisettes ; si l'on vous donne un baiser sur une joue, tendez l'autre, comme l'ordonne l'Evangile. Jeunes gens, soyez toujours sobres dans vos repas : il est vrai que les médecins assurent qu'une petite débauche de temps en temps ne peut pas faire de mal ; mais là-dessus vous agirez comme vous l'entendrez. Travaillez tant que vous pourrez. L'activité, c'est la vie. Pourtant il est si doux d'oublier un instant les misères qui vous entourent et de laisser flotter nonchalamment son âme vers l'idéal et l'inconnu ! O Lafontaine ! O Rabelais ! O Papimanie, heureuse contrée où l'on dort ! N'allez pas au café, si ce n'est pour causer ou pour vous distraire. Si vous fumez, que ce soit le cigare et jamais la pipe ; le cigare est plus *chic*, plus comme il faut ; pourtant il y en a qui tiennent à la pipe, même au brûle-gueule : chacun son goût, sa passion. Ne jouez jamais au billard ; c'est trop ruineux. Vous pouvez bien faire une partie en passant, même deux, peut-être bien trois ou quatre ; mais que ce soit simp'ement pour vous amuser. Évitez avec soin le spectacle, surtout lorsqu'il est ennuyeux. Jeunes femmes ne soyez pas coquettes ; ne mettez pas de toilettes à moins qu'elles ne vous aillent bien ; ne riez pas toujours, à moins que vous n'ayez de belles dents. Hommes n'allez pas vous fourrer dans les émeutes, à moins que vous ne soyez sergents-de-ville ; contentez-vous de regarder la chose de loin à travers une lunette ; car les gendarmes pourraient vous appliquer le proverbe : *dis-moi qui tu hantes et je vous dirai qui tu fréquentes.* Si vous êtes journalistes, ne mentez jamais, à moins que vous n'ayez de trop longues colonnes à remplir ; gardez votre opinion si par hasard vous en avez une, bien cachée dans votre cœur, et parlez toujours le langage de ceux dont vous aurez besoin ou auxquels vous aurez affaire ; ne dites la vérité qu'à ceux qui voudront bien l'entendre, et qui n'auront pas intérêt à la coiffer d'un boisseau ! Médecins, ayez pitié de vos malades ; contentez-vous de leur prendre la bourse, et laissez-leur un peu la vie ! Députés, ne bourdonnez pas tant à la tribune, ne fabriquez pas tant de lois et qu'elles soient meilleures !

Académiciens, ne faites pas de l'esprit et de la science un monopole pour vous et vos amis : accueillez les découvertes que vous n'avez pas faites autrement que par du mépris et des huées. Marchands, ne volez pas vos pratiques, à moins qu'elles ne soient assez simples pour se laisser faire ! Femmes, ne laffargez pas vos maris !

Maintenant, je dirai à la vigne : couvre-toi de grappes et que tes grappes soient gonflées de vin et que le vin coule et dissipe la tristesse des hommes ! Je dirai à la femme : couvre-toi de fleurs qui n'égaleront jamais la fleur de ta beauté ! je dirai aux abeilles : gentilles avettes, donnez-nous du miel ! Je dirai aux partis : ne vous disputez pas tant ; au fond vous êtes tous à peu près d'accord ; eh bien ! discutez paisiblement et faites-vous des concessions mutuelles ! Je dirai aux hommes : Associez-vous ; l'association tuera la misère ! Je dirai au soleil : resplendis, roi du jour, dans le ciel de ma belle patrie ! je dirai à la Société : ne vous contentez pas de punir le crime empêchez-le ! ne cherchez pas à étouffer les passions, dirigez-les ! organisez le travail et l'industrie! Je dirai à la France : drape-toi, reine magnifique, d'un manteau de paix et de gloire ! guide les nations dans la voie des conquêtes pacifiques ! La terre te contemple du haut de quarante siècles de malheur. Les essieux du monde sont las d'être baignés de sang humain. Oh ! France, pitié pour la terre, voilà bien longtemps qu'elle est malheureuse !

Enfin, tandis que vous êtes tous rassemblés autour de moi, ô mes agneaux ! ô mes agnelles ! j'éprouve le besoin de vous souhaiter de longs jours, des jours meilleurs, un avenir plus beau, et du plus profond de mon cœur, je vous donne à tous une large, une immense bénédiction !

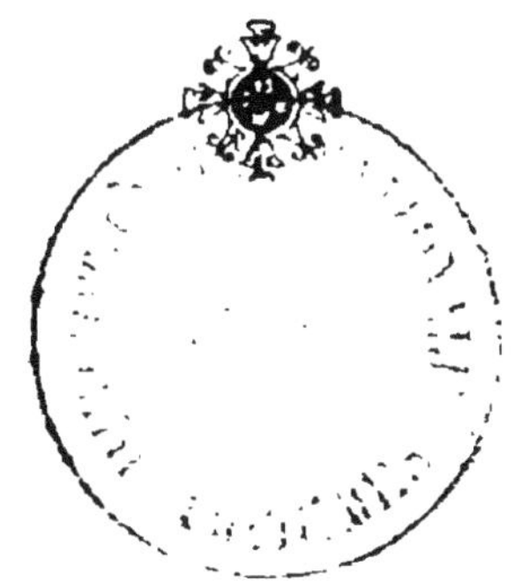

TABLE.

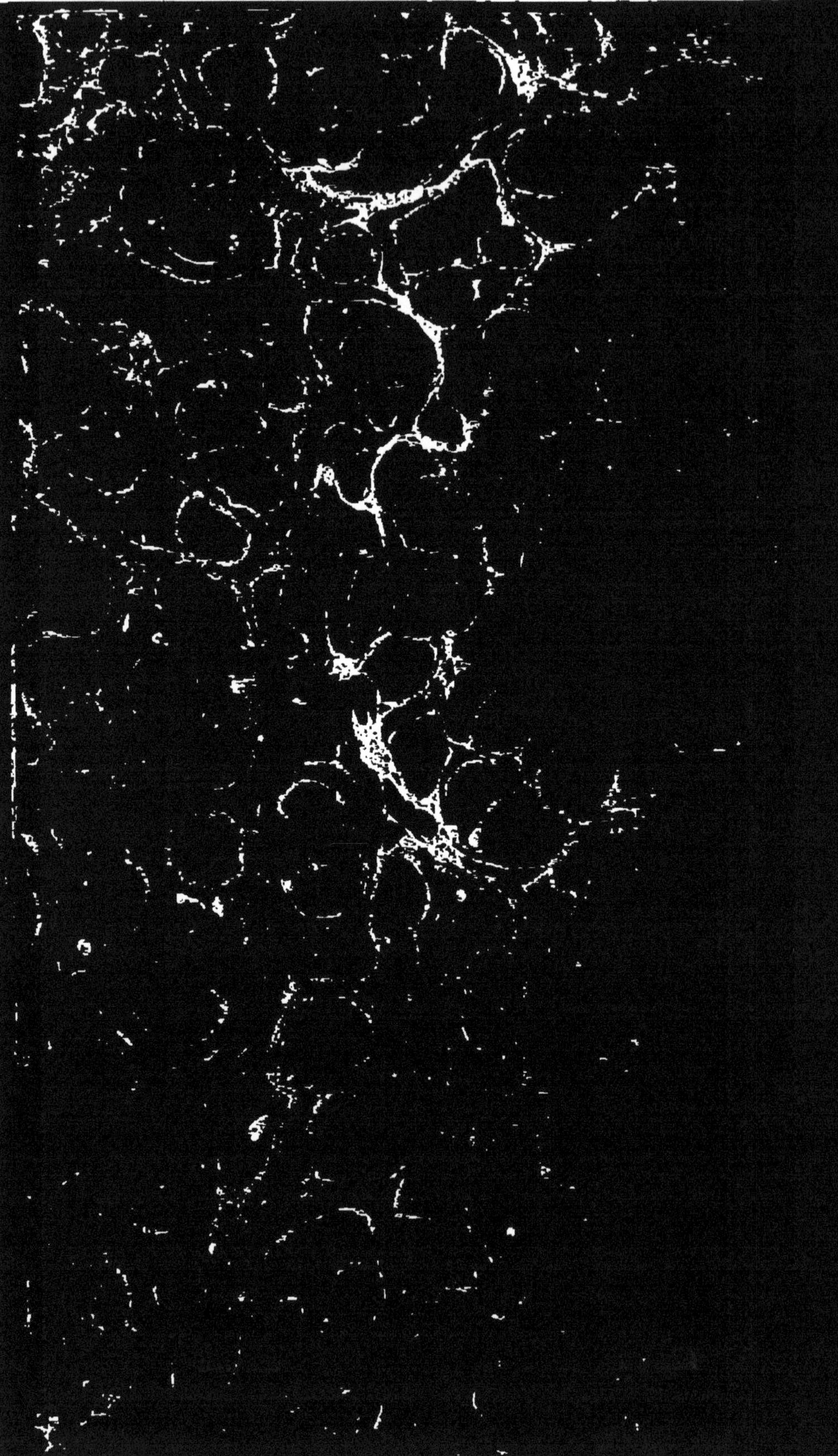

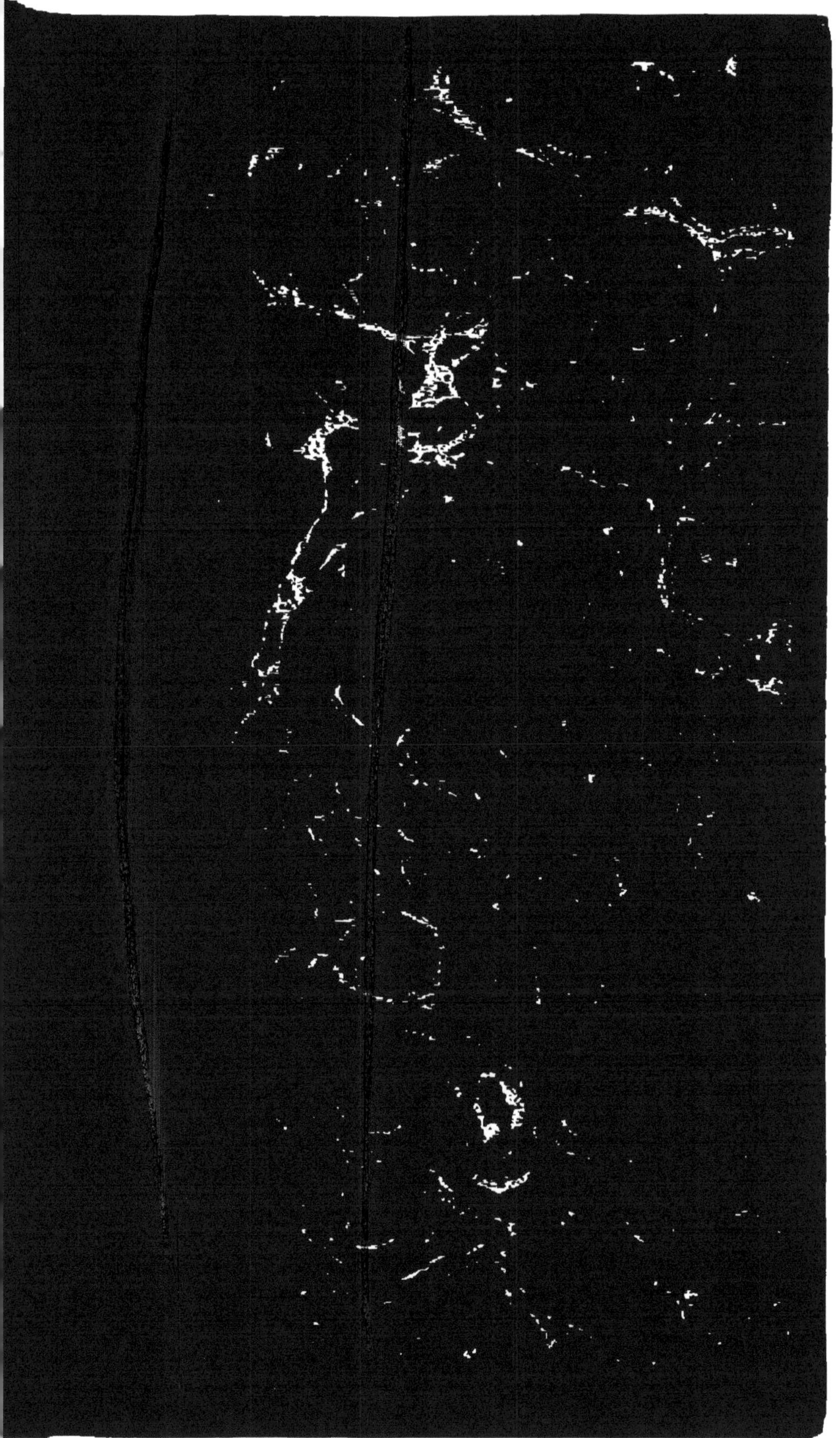

www.ingramcontent.com/pod-product-compliance
Ingram Content Group UK Ltd.
Pitfield, Milton Keynes, MK11 3LW, UK
UKHW020845120726
13693UKWH00002B/828